VIDA Y PENSAMIENTO DE MÉXICO

UNA MIRADA HACIA EL FUTURO

MIGUEL DE LA MADRID HURTADO

Una mirada
hacia el futuro

FONDO DE CULTURA ECONÓMICA

Primera edición, 2006

Madrid Hurtado, Miguel de la
    Una mirada hacia el futuro / Miguel de la Madrid
Hurtado. — México : FCE, 2006.
    188 p. ; 21 × 14 cm — (Colec. Vida y Pensamiento
de México)
    ISBN 968-16-7913-X

    1. México — Administración pública — Siglo XXI
I. Ser. II. t.

LC J171   Dewey 351 M315m

Distribución mundial

Comentarios y sugerencias: editorial@fondodeculturaeconomica.com
www.fondodeculturaeconomica.com
Tel. (55)5227-4672 Fax (55)5227-4694

Diseño de portada: Laura Esponda Aguilar

D. R. © 2006, FONDO DE CULTURA ECONÓMICA
Carretera Picacho-Ajusco, 227; 14200 México, D. F.

ISBN 968-16-7913-X

Impreso en México • *Printed in Mexico*

ÍNDICE

PRESENTACIÓN

Preocupado por la situación sociopolítica y económica actual de México y por su futuro, con este libro pretendo contribuir a la formulación de soluciones globales para enfrentar los problemas del país —con reformas y ajustes que recuperen las fuerzas perdidas— así como renovar el entusiasmo constructivo, sin ingenuidades, pero sí con firmeza.

En *Una mirada hacia el futuro* analizo el estado en que se encuentra nuestro país, sus tendencias previsibles —conforme al entorno internacional—, las limitaciones estructurales internas y las potencialidades con las que cuenta. Cada capítulo plantea propuestas específicas, con el propósito de aportar ideas y en oposición a la reiterada y solitaria actitud crítica que frecuentemente se pierde en la negatividad.

No tengo interés protagónico alguno, ni me guía la idea de abrir una discusión estéril, sino que considero que, ante la indiferencia y la pérdida de fuerza y dinamismo de la política y de la economía, cualquier cosa que coadyuve a construir un futuro mejor debe ser compartida. Es el momento de plantear proyectos, formular soluciones, ofrecer opciones y advertir que, de no hacer lo necesario y lo prudente a corto y largo plazos, se corre el grave riesgo de profundizar los problemas. Desperdiciar este momento es renunciar a un ejercicio democrático. Usarlo productivamente, con memoria e imaginación, es entender que la política es la virtud ciudadana de la participación.

Por ello, en este libro se encontrarán elementos de análisis para enriquecer la discusión política. Metodológicamente, parte del examen de los recursos con los que contamos, tanto naturales como de infraestructura, sociales y políticos, así como de los que se vislumbran a futuro. Plantear futuros escenarios posibles es una habilidad de expertos y organizaciones nacionales o mundiales que a ello se dedican, y para aprehender esos escenarios es importante analizarlos críticamente, sin desestimar su utilidad. Porque no sólo se trata de encontrar explicaciones a lo que ahora sucede, sino de tratar de vislumbrar lo que podría ocurrir. Es con base en ello que el libro aborda cuestiones fundamentales, no sólo para especular acerca de las perspectivas, sino para conocer también los obstáculos. Así se pueden crear las oportunidades para avanzar con la mirada siempre adelante.

En el capítulo I analizo la cuestión demográfica. La alta tasa de fecundidad mexicana ha sido uno de los obstáculos en el desarrollo económico, por ello los asuntos demográficos no deben tener una importancia inercial, sino que deben estar presentes en la toma de decisiones políticas, económicas y sociales. Así, en la medida que la población crece, también la economía deberá crecer. Si ello no ocurre, aumentará la oferta de mano de obra y, por consiguiente, la pobreza, con todos sus efectos devastadores.

El capítulo II analiza el marco de las políticas institucionales en el que se da el desarrollo humano, concentrado básicamente en el Estado de derecho y la cultura de la legalidad, la educación, la salud, la seguridad social y la vivienda. Con base en el Índice de Desarrollo Humano realizado por la Organización de las Naciones Unidas, se ubica la posición que ocupa nuestro país en estos aspectos esenciales del desarrollo de la sociedad.

El capítulo III examina los recursos sustentables y el medio ambiente, así como nuestra infraestructura, caracterizados por su deterioro. Hace hincapié en la necesidad de conservación, mantenimiento con racionalidad, con base en el interés nacional de preservar el capital natural y energético, y en el mantenimiento del capital físico.

El capítulo IV estudia el contexto internacional, que limita y condiciona muchas de las potencialidades políticas y económicas del país. Con base en ello, se definen los principios de nuestra inserción internacional, respetando nuestros valores y los de otros países, evitando tener enemigos y realizando acuerdos políticos con países similares al nuestro, para tener un mayor protagonismo en las relaciones internacionales.

El capítulo V se detiene a observar la economía y los niveles de estancamiento en que se encuentra, para proponer las condiciones para volver a crecer a tasas altas y sostenidas, como la forma que permita elevar la productividad global y el nivel de empleo formal, mejorar los salarios, reducir la pobreza y crear un círculo virtuoso de crecimiento económico y bienestar social.

El capítulo VI se concentra en los retos que plantea la gobernabilidad, esa ingeniería estratégica que permite responder a las necesidades y exigencias de la democracia. Ésta no se agota en las urnas. Si el voto público no se complementa con un avance en los niveles de vida, en la oportunidad de hablar, de escuchar y de influir en la toma de decisiones, la democracia se convierte en un concepto vacío. Precisamente por ello, en el futuro, mucho dependerá del uso público de la razón para reconocer en los gobernantes la legitimidad de su origen cuando la tengan y exigir la legitimidad de gestión cuando ejerzan el poder.

Si la política es el origen de nuestros problemas económicos, también es parte de la solución. La política es inherente a las instituciones del Estado. Con cada decisión se alteran equilibrios y se afectan intereses. Por esto se requiere consolidar las instituciones democráticas. En un orden institucional así concebido, todo cabe de manera legítima y da cauce al escrutinio social y a la rendición de cuentas. La democracia no es un sistema perfecto ni garantiza el acierto de los gobernantes. Es, eso sí, la única forma que garantiza la soberanía de los ciudadanos y su derecho a poner y quitar gobiernos mediante su voto en la urna.

En lo interno, la gobernabilidad se fortalece cuando se atiende y negocia con los factores reales de poder y los órganos de representación. En lo externo, cuando se cuida nuestra inserción internacional de manera prudente y equilibrada.

El mercado es importante, pero no suficiente. Tiene límites, porque es el espacio natural de los consumidores, pero no es el espacio natural de los ciudadanos. Los consumidores valen por la cantidad de sus recursos; los ciudadanos valen por el voto que emiten y por su participación en los asuntos políticos.

Gobernar significa edificar en favor de la sociedad. Ésta puede generar confianza: fuente de poder y atributo invaluable de una cultura política democrática. Sin confianza, los líderes y las democracias se deterioran.

Hay que recuperar la función ética de la política. Esto es, revalorar los medios y los fines. Los primeros, como la economía y la tecnología, deben estar al servicio de los segundos, el bienestar de la población y la cohesión social. La discusión sobre los medios tiende a eliminar y evitar la que debería llevarse a cabo sobre los fines. Enfrentar los problemas éticos es la mayor responsabilidad del Estado y de la sociedad.

En un contexto globalizado, lo que está en juego para un mejor desarrollo político es una permanente reforma del Estado, que tiene que ver con la gestión gubernamental, los partidos políticos, el papel de los distintos poderes y la sociedad civil, y la eficacia de la democracia.

Nuestro país vive actualmente una crisis política, derivada de una crisis de los partidos políticos, que han privilegiado los votos y sacrificado el compromiso con la satisfacción de las necesidades del país, la justicia social y la democracia.

La política es el arte de lo posible y deseable. La política la realizan los seres humanos, que pueden cambiar el devenir de los acontecimientos porque la historia les pertenece. Ésta no se conforma sólo de mapas, transformaciones geográficas, balances económicos, cambios culturales, sino que es producto de los hombres que la crean. Unos que destruyen y otros que hacen el presente sin rechazar el pasado y la tradición, síntesis de lo que somos y de lo que otros son.

Las propuestas aquí presentadas son una mezcla de medidas clásicas y otras de vanguardia para resolver los problemas estructurales. No se trata de aplicar paños calientes a heridas profundas y malignas. Se trata de acometer un ataque frontal al subdesarrollo, dentro de los lineamientos que establece nuestra Constitución Política, que configura nuestro modelo de país y la armonía en la que queremos vivir.

A la orilla de los nuevos tiempos, tengo la esperanza de que los dirigentes de nuestro país consideren que nuestro pueblo ama la libertad y quiere justicia; que los pueblos cambian muy lentamente y que, para avanzar, es necesario dar una mirada al pasado y rescatar aquellos valores e instituciones que afirman nuestra nación. Sólo así podremos caminar hacia una modernización solidaria.

Quiero hacer mención, por último, que este libro es resultado de mis reflexiones personales sobre el presente y el futuro del país, enriquecidas, sin duda alguna, por las aportaciones que distinguidas personalidades realizan en el Círculo de Estudios México, A. C., y por el intercambio de opiniones que he mantenido con otros expertos, del país y del extranjero. A todos ellos mi agradecimiento. También reconozco el apoyo que recibí de Sergio Mota en la información estadística nacional y en el contexto político internacional. Asimismo, agradezco a mi hijo Enrique por sus valiosas opiniones. Igualmente a Nancy Pérez Guzmán, por su apreciada asistencia logística.

I. CONTEXTOS DEMOGRÁFICOS Y SOCIALES

A. Perspectivas
DE LA POBLACIÓN MUNDIAL, 2003-2025

De acuerdo con fuentes confiables, en el año 2025[1] la población mundial pasaría de 6 300 millones (2003) a 7 900 millones de personas, y hacia 2050 podría llegar a 10 000 millones. La gráfica I.1 presenta la evolución de la población de 1970 a 2003, y las estimaciones para 2025 y 2050. La gráfica I.2 compara la composición relativa de la población entre países desarrollados y países en vías de desarrollo, que es descendente en los primeros y ascendente en los segundos.

Víctor Urquidi ha analizado estas tendencias por grupos de países con más de diez millones de habitantes en el año 2003, agrupados según niveles de PIB *per cápita* en 2001, en dólares de poder adquisitivo constante así como sus coeficientes de fecundidad (número de niños por mujer). De su análisis se desprende lo que expongo en los siguientes apartados.

1. *Grupo I. Países desarrollados*

Los seis países desarrollados más poblados —los Estados Unidos, Japón, Alemania, Francia, Reino Unido e Italia—

---

[1] La información aquí analizada fue tomada del estudio de Víctor Urquidi, *Perspectiva de la población mundial*, México, UNAM, Instituto de Investigaciones Jurídicas, 25 de noviembre de 2003. Ese texto lo presentó el autor con motivo de la celebración del 30 aniversario de la Ley General de Población.

GRÁFICA I.1. *Evolución de la población mundial, 1970-2025*
(millones de personas)

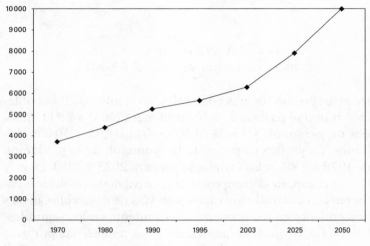

suman ahora 678 millones de personas, es decir 11% de la
población mundial, y tienen niveles de fecundidad infe-
riores a los de reemplazo (la fecundidad necesaria para
mantener la población existente). Esto explica que, hacia
2025, algunos de ellos presenten descensos en su población.
Los casos de los Estados Unidos, Francia y el Reino Unido
constituyen la excepción, debido a los saldos migratorios
que hacen elevar su población.

2. *Grupo II. Países en transición*

Los países que se ubican en esta categoría acusan descensos en su población o la mantienen. Se trata de los países ex
socialistas que aplicaron en el pasado una política demo-

GRÁFICA I.2. *Composición de la población mundial entre países desarrollados y países en vías de desarrollo, 1970-2025 (% participación relativa)*

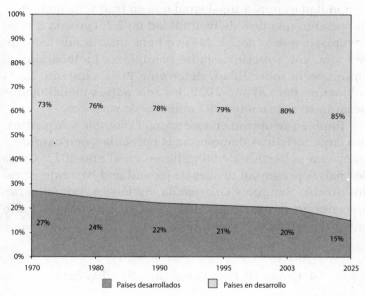

FUENTE: ONU.

gráfica estricta basada en el aborto inducido. Dentro de ellos se encuentra Rusia, que registra una población de 145 millones de personas (2.3% del total mundial), y se estima que para el año 2025 bajará a 137 millones de personas.

3. Grupo III. Países en vías de desarrollo, nivel medio

En este grupo se ubica México, además de Brasil, Filipinas, Turquía, Irán y Tailandia, que se cuentan entre los países más poblados y constituyen 9% del total mundial. Sólo Tailandia se ubica debajo del nivel de reemplazo, derivado del hecho de que ha realizado importantes programas de planificación familiar. En cambio, en Filipinas el coeficiente de fecundidad es muy alto, al igual que en Irán y Turquía. Brasil presenta una tasa de fecundidad de 2.2, cercana a la de reemplazo, que es de 2.1. México tiene una tasa de fecundidad alta: 2.8, superior a la de reemplazo. La fecundidad, junto con la mortalidad, determina el crecimiento de la población. Para el año 2025, los seis países mencionados elevarán su población a 702 millones de personas.

También se ubican en este grupo Colombia y Argentina, con características demográficas parecidas y en camino a tener una población de 50 millones en el año 2025. Otros dos países presentan niveles de fecundidad bastante elevados: Arabia Saudita y Guatemala. Sudáfrica, por su parte, presenta un descenso notable para 2025 a causa del alto índice de mortalidad por el sida.

4. *Grupo IV. Países en desarrollo, nivel bajo*

En este grupo aparece la mayoría de los países, y en ellos se encuentra la mayor parte de la población mundial. China y la India, por ejemplo, representan 37% de la población en todo el mundo. China ha tenido éxito en su política de planificación familiar, mientras que la India todavía tiene un nivel alto, explicable por su población musulmana, que se resiste a la planificación familiar.

En cuanto a los demás países, la mayoría tampoco practica la planificación familiar, lo que, junto con la mejoría en las condiciones sanitarias, llevará a un incremento demográfico, superior en la mayoría de ellos a la media internacional.

Una caracterización sumaria de las tendencias demográficas puede resumirse como sigue:

a) Los países desarrollados no tienen problemas demográficos por sus bajas tasas de fecundidad, si bien el envejecimiento de la población conlleva otro tipo de consecuencias sociales. Ello explica que absorba migraciones de los países en desarrollo, para las actividades de menor valor agregado.

b) En los países en vías de desarrollo, con sus matices por regiones, se ubica el mayor crecimiento demográfico, aunque a tasas menores que en el pasado, sobresaliendo África y América Latina.

c) La región latinoamericana todavía tiene altas tasas de crecimiento, determinadas por múltiples factores, definidas culturalmente por la resistencia a la planificación familiar.

d) El control del crecimiento demográfico en los países del mundo en desarrollo que han podido avanzar se explica por la urbanización, la mayor escolaridad de las mujeres y su incorporación a los mercados de trabajo, así como por la aplicación de políticas de planificación familiar.

e) Las emigraciones actuales son básicamente de tipo económico, derivadas de la incapacidad de los países que las expulsan de absorber la población económicamente activa, a causa del crecimiento demográfico. Las emigraciones se han dirigido hacia los Estados Unidos y Europa occidental. La migración mexicana hacia los Estados Unidos, legal o indocumentada, se estima en nueve millones y constituye ya un componente importante de la población hispana en aquel país. Asimismo, tanto Australia como Canadá se han convertido en países de inmigrantes.

f) Es probable que hacia el año 2050 la población blanca estadunidense sea de sólo la mitad del total, frente a 69% que representa en la actualidad. En ese mismo año, 24% de la población será hispana; 14%, afroamericana, y 8%, asiática.

g) Se estima que en los países en desarrollo se agravarán los problemas migratorios y los de pobreza, los cuales se añadirán a otros no menos graves, como el abastecimiento de alimentos y la disponibilidad de agua potable. Habrá problemas adicionales en los sistemas educativos y en los de salud y seguridad social. Esto acarreará a la vez problemas a los países receptores, proclives al nacionalismo y a la repulsión de lo extraño. De manera concomitante, el Congreso podría decretar acciones para rechazar a los emigrantes[2] o para fijar cuotas selectivas de absorción.

h) Entre economistas y demógrafos existe la duda de si se estabilizará la población mundial en el año 2060, debido al alto crecimiento demográfico que se advierte en los países en vías de desarrollo, a pesar de las tasas de mortandad del sida, las enfermedades tropicales y otras como el cáncer, el tabaquismo o el alcoholismo.

5. *Posición de México*

México pasará de tener una población de 106.4 millones en el primer semestre de 2005 a 134 millones en 2025; es decir, un millón cuatrocientas mil personas cada año, que demandarán empleos, servicios de salud, seguridad social, educación y vivienda, entre otros servicios. Como no es posible

---

[2] Uno de los intelectuales más importantes de los Estados Unidos, Samuel Huntington —autor del célebre libro *El choque de las civilizaciones*, altamente controvertible por su contenido racista—, en un ensayo publicado en la revista *Foreign Policy* ("El reto hispánico"), nos regala una nueva colección de prejuicios al decir que los compatriotas que van a trabajar a los Estados Unidos ponen en peligro la cultura angloprotestante. Se atreve a pronosticar que si no se detiene esa invasión, los Estados Unidos se transformarán en dos pueblos, dos culturas y dos lenguas. Lo que subyace en estas aseveraciones es un nuevo nativismo racista blanco, beligerantemente antihispano y antimexicano. Pero lo peor es que esta opinión influye en el debate de los asuntos migratorios en los Estados Unidos.

satisfacer esto —a menos que durante dos décadas tengamos un crecimiento económico alto y sostenido—, continuará la migración hacia los Estados Unidos. Se estima que hacia 2020 se duplicará la población mexicana que hoy reside en ese país.

Este fenómeno pone en evidencia el desequilibrio entre las dimensiones de la sociedad y la capacidad económica de ésta, que, de no resolverse, agudizará las tensiones sociales, a causa del mayor abismo entre necesidades sociales y respuestas del gobierno, vulnerando con ello la gobernabilidad.

Así como es necesario lograr una macroeconomía estable y una microeconomía competitiva, también resulta fundamental que los recursos humanos y su calidad guarden congruencia con la economía del país y su capacidad para generar empleos. La inversión en capital humano es uno de los factores que determinan el desarrollo económico y social. Cuando no existe o es insuficiente, aparece la realidad dramática del subdesarrollo; emerge una democracia representativa excluyente.

Los problemas de la superpoblación, la distribución inequitativa del ingreso, el aumento de la pobreza y la falta de redes de protección social constituyen el eje del debate social y político, ya que ninguno de ellos se solucionará por arrastre, o por goteo. Pero además, sin seguridad material, la libertad política es precaria.

B. Políticas demográficas

No es casual que los países desarrollados sean los que tienen menores tasas de crecimiento demográfico. Investigaciones del Fondo de las Naciones Unidas para la Población han demostrado[3] inequívocamente que una disminución en

---

[3] Estado de la Población Mundial, 1992, Fondo de las Naciones Unidas para la Población, FNUAP.

el número de integrantes de la familia contribuye a reducir
la mortalidad infantil, mejora la educación, la salud, la nutrición y, en general, los niveles de vida. No es de extrañarse
que Corea del Sur, Singapur y Taiwán, que tienen una baja
tasa de natalidad, sean los nuevos países industrializados
(NIC, por sus siglas en inglés), y que Argentina, Chile y Uruguay, que tienen también tasas de natalidad bajas, sean los
menos pobres entre todos los que están en vías de desarrollo. En los que tienen niveles bajos de crecimiento demográfico, se han aplicado políticas de planificación familiar que
han tenido resultados exitosos.

El problema demográfico se localiza en los países en
vías de desarrollo. En la Conferencia de las Naciones Unidas sobre Población y Desarrollo, llevada a cabo en 1994, en
El Cairo, se hizo especial hincapié en la participación de la
mujer en las políticas de población, particularmente en las
áreas de salud, bienestar y educación, así como en la planificación familiar. Se reconoció su influencia y su poder para
lograr los objetivos demográficos y sociales, a niveles local y
nacional. Pero es lamentable reconocer que en la mayor
parte de los países en vías de desarrollo no se ha podido
poner en marcha un progreso social y político que conduz-
ca al logro de esos objetivos.

En el pasado, México llevó a cabo una política de planificación familiar exitosa, lo que permitió bajar las tasas de
crecimiento demográfico. En aquella época, los pronósticos
y las discusiones sobre el comportamiento futuro de la economía y la sociedad tomaban en cuenta el componente demográfico, pero ello ha cambiado. Parece no existir conciencia nacional sobre la imposibilidad de satisfacer las crecientes
necesidades humanas que produce el crecimiento demográfico.

C. Población y crecimiento económico

De continuar como hasta ahora el crecimiento demográfico mexicano, en los próximos 20 años, 1 400 000 personas por año, en promedio, demandarán trabajo; es decir, 28 millones de personas durante ese lapso. Esta demanda sólo podrá satisfacerse con un crecimiento alto del PIB anual de manera sostenida y mediante el diseño de políticas demográficas restrictivas. Los números del pasado muestran lo siguiente: entre 1986 y 2003 debieron haberse generado 22 millones de empleos; sin embargo, únicamente se lograron crear cinco millones en el sector formal de la economía —conforme incorporaciones al IMSS y el ISSSTE—. De éstos, 4.4 millones fueron creados por la empresa privada; el resto, 600 000, fueron generados por el sector público. El déficit fue de 17 millones de puestos de trabajo. Este desempeño macroeconómico es inaceptable, ética y socialmente.[4] El destino de los 17 millones de personas en edad de trabajar fue el siguiente: 11 millones se sumaron a la informalidad, y seis millones se fueron legal o ilegalmente a los Estados Unidos.

Lo anterior es confirmado por Rodolfo Tuirán,[5] destacado especialista en cuestiones demográficas:

... se estima que la población económicamente activa, que actualmente representa alrededor de 43.8 millones de trabajadores, ascenderá a 55 millones en 2010 y a 64 millones en el 2020. Durante la próxima década la demanda de puestos de trabajo se elevará a 193 000 por cada año en el Estado de Mé-

[4] Se sugiere la lectura del interesante artículo de Ramón Lecuona en *El Economista* (15 de marzo de 2004), en el que analiza las relaciones entre desempeño macroeconómico y empleo.

[5] Rodolfo Tuirán, "Los desafíos demográficos de México en el siglo XXI", Círculo de Estudios México, 1° de julio de 2002.

xico; 73 000 en Jalisco; 68 000 en Puebla; 63 000 en Guanajuato; 61 000 en Veracruz, y 42 000 en Nuevo León. Sobra decir que los desafíos no se restringen a la cantidad en los puestos de trabajo, sino también aluden a la calidad de los mismos.

Tuirán advierte también que "si conocemos las eventuales consecuencias que podría desencadenar la agregación de nuestras prácticas y comportamientos individuales, quizá estemos a tiempo de transformarlas para propiciar la construcción de escenarios deseables. En última instancia, estos escenarios nos recuerdan que escribir la historia del futuro todavía está en nuestras manos".

La tijera que recortará estos problemas es la reducción del crecimiento demográfico, con una amplia política de planificación familiar y la elevación del crecimiento económico; ambas deberán ser decisiones del Estado, pero tendrán que contar con la amplia participación de la sociedad. Parece una empresa difícil, pero no imposible, porque en el pasado hemos tenido éxitos en la política de planificación familiar —reduciendo el crecimiento demográfico— y periodos prolongados de alto crecimiento económico, acompañado de estabilidad.

Según cálculos de la CEPAL, para reducir la pobreza extrema a la mitad en el año 2015, el PIB total de América Latina debería crecer a 5.7% anual en los países de mayor pobreza, como es el caso de México. Esto significa alcanzar tasas de crecimiento superiores al desempeño histórico reciente de la región, y de México en particular.[6]

Para México, la perspectiva de más desempleo, migración y pobreza, como consecuencia del volumen poblacional, además de la falta de un crecimiento económico alto, se agrava por problemas como los siguientes: dependencia alimentaria, escasez severa de agua; baja calidad en la edu-

[6] Citado por la Corporación Andina de Fomento: *Desafíos de la competitividad en América Latina*, México, 2003.

cación; servicios de salud insuficientes que requieren de cuantiosas inversiones, y alto déficit de vivienda.

D. Bono demográfico

México tiene ahora lo que se denomina "el bono demográfico", que consiste en que, para los próximos 30 años, la población de entre 15 a 65 años crecerá muy por encima del descenso de la población de dependientes económicos.

Esta situación podría generar riqueza de forma más acelerada, en tanto llega el momento en el que se empiece a jubilar un número creciente de mexicanos que, al dejar de producir, pasará a formar parte de la población dependiente para el resto de la sociedad. En consecuencia, poder generar mayor riqueza hoy, y en las próximas tres décadas, permitirá sostener mejor a una población en retiro cada vez mayor, tanto en términos absolutos como relativos, al concretarse el envejecimiento de la población.

El problema es que no estamos aprovechando este "bono demográfico", porque no se generan empleos y porque no hay suficiente inversión en capital humano, sobre todo en educación. Las dimensiones de este problema explican la migración: alrededor de 400 000 mexicanos emigran cada año. Ésta es una tragedia real, pues quienes emigran lo hacen cuando podrían empezar a generar riqueza y a devolverle a la sociedad lo que se ha invertido en ellos en médicos, alimentación, educación, capacitación y todos los demás consumos que se gastó en ellos antes de que pudieran trabajar.

En el extranjero, los mexicanos generan una riqueza muy por encima de la que gastan, no sólo por el ahorro que naturalmente hacen, pensando en el futuro, sino porque, al ser muchos de ellos ilegales, sus empleadores se apropian de una parte muy importante de lo que producen. El efecto neto de la emigración de mexicanos a los Estados Unidos es que nuestro país se empobrece al perder un capital muy importante en el que ha invertido recursos, mientras que nuestro vecino del norte se enriquece tanto como las circunstancias lo permiten. Y a lo anterior hay que añadir otro fenómeno asociado: el regreso de compatriotas que ya no están en condiciones de seguir trabajando, y vuelven a México sin generar más recursos.

Nuestra gente se está marchando en el mejor momento de su vida, para ser reemplazada por otros que ya no están en condiciones de trabajar, lo que significa que el "bono demográfico" lo están utilizando los Estados Unidos.

Paradójicamente, este "bono demográfico" no es una ventaja sino una carga adicional, en tanto la economía no pueda crecer a tasas altas y sostenidas para ofrecer empleos. Lo que tenemos en el contexto mundial de competitividad son las maquiladoras, que crean empleos con salarios más elevados que los ofrecidos por el desempleo suburbano y el empleo agrícola. Las maquiladoras constituyen un eslabón dependiente de la cadena productiva del crecimiento industrial, principalmente el de los Estados Unidos, y esto se refleja en las exportaciones manufactureras de México que reaccionan positivamente cuando la industria estadunidense marcha bien.

El "bono demográfico" es una oportunidad de tiempo limitado, y si no lo aprovechamos, vendrán las consecuencias. En la perspectiva a largo plazo, específicamente hacia el año 2020, se vislumbra un importante crecimiento de la población de 65 años y más; así, mientras ésta representa hoy sólo 5% de la población total, en el año 2030 será de 9% y, en 2050, de 25 por ciento.

E. Población, empleo, pobreza y migración

Una radiografía de la población y el empleo se advierte visualmente en el ejercicio numérico que aparece en la figura I.1, que contiene datos de 2003. Así, de una población de 103 millones, la económicamente activa fue de 41%, o sea 42 millones. Se trató de individuos en condiciones, edad y deseos de trabajar; sin embargo, de esa población, casi la totalidad constituyeron la población ocupada, formales e informales, urbanos y rurales, con pago o sin él. De ésta, 26 millones trabajaron por un salario, y de ésos, únicamente 15 millones contaron con un empleo formal —salarios y prestaciones— en alguno de los siguientes esquemas: afiliados al IMSS (10 605 000), al ISSSTE (2 189 000) o a otros regímenes (2 253 000).

Durante el periodo 2001-2003, la población económicamente activa creció a 2 128 000, o sea que en ese nivel se situó la necesidad de empleo; pero el mercado de trabajo no los absorbió, sino que incluso disminuyó el número de empleos con prestaciones. El volumen de afiliados al IMSS se redujo en 398 000 personas, todo ello como resultado de la desaceleración económica del país y de que importantes empresas maquiladoras que operaban en México se trasladaron hacia otros países, particularmente a China, que ofrece mayor eficacia en el sistema judicial, protección de los derechos de propiedad, regulación y protección de los derechos de accionistas y proveedores, así como menores costos de producción, entre otras ventajas.

Cuando la economía se recuperó en 2004 y 2005, los empleos se elevaron; así, en julio de 2005, en relación con el mismo mes del año anterior, los empleos que se registraron en el IMSS alcanzaron su mayor nivel en lo que va de la actual administración en periodos similares: se generaron 339 024 empleos formales, si bien una alta proporción fue-

FIGURA I.1. *Radiografía ocupacional al cuarto trimestre de 2003 (número de personas)*

Población total 103 354 999	Económicamente activa (PEA) 42 435 738	Ocupada (PO) 41 391 037	Asalariada (PA) 25 926 612	Con prestaciones: 15 046 700* Sin prestaciones: 10 739 715 No especif.: 822
			No asalariada (PNA) 15 464 425	Patrones: 1 667 492 Trab. por cuenta propia: 10 235 948 Trab. sin pago: 3 533 468 Otros trab.: 27 517
		Desocupada (PD) 1 044 701		
	No económicamente activa (PNEA) 35 012 771		Estudiantes 12 486 639 Quehaceres domésticos 17 358 161 Pensionados y jubilados 1 491 118 Por impedimentos personales 277 977 En otras actividades 3 398 876	
Población de 12 años y más 77 448 509				

* La suma de estas cifras parciales (25 787 237) es menor al total, pues excluye a la población que afirma empezará a trabajar en cuatro semanas o menos.

FUENTE: INEGI.

ron eventuales. Con este nivel de tendencia de recuperación laboral, los economistas del sector privado y del Banco de México prevén una generación de 418 000 nuevos empleos para el cierre del año. Aunque positivo, este nivel está lejos de satisfacer la demanda anual de empleos, y ello es consecuencia de un problema estructural de la economía, difícil para cualquier gobierno.

Las cifras de la figura I.1 muestran el efecto de un crecimiento demográfico alto, que genera una abundante demanda de empleos y un crecimiento económico insuficiente. Ello explica fenómenos asociados como el desempleo, el subempleo y otras formas de exclusión social.

La acumulación de desempleo aumenta los niveles de pobreza, calculada para México en 52 millones de personas,[7] y para el año 2025, en alrededor de 65 millones.

En el Informe sobre Desarrollo Humano de 2003 de la ONU[8] se demuestra cómo una mayor asistencia financiera por parte de los países ricos, unas reglas de comercio inter-

[7] Cifras oficiales del gobierno mexicano para el año 2002.

[8] Léase el interesante artículo de Sakiro Fukuda-Parr y Jeffey Sachs, "Un pacto para acabar con la pobreza mundial" (*El País*, México, 6 de agosto de 2003, p. 9). Fukuda-Parr es directora del Informe sobre Desarrollo Humano 2003 de la ONU, y Sachs es director del Instituto de la Tierra de la Universidad de Columbia. También es importante la propuesta de los jefes de Estado de Francia, España, Brasil y Chile, apoyados por el secretario general de la ONU, en la reunión sobre la pobreza, el 24 de septiembre de 2004 en el seno de la ONU, donde se propuso un paquete de medidas para acabar totalmente con la pobreza en el 2015. Entre otras medidas, se mencionan un impuesto sobre los movimientos de capital, la llamada tasa Tobin, por el nombre de su creador, diferida desde hace muchos años por la distorsión que podría causar en los mercados; un impuesto sobre el comercio de armas, de alto efecto recaudatorio y paradigmático por el destino actual de fondos del desarrollo hacia la guerra; facilidad de financiamiento internacional, mediante la emisión de deuda pública para apoyar los incrementos futuros de la ayuda al desarrollo; destinar derechos especiales de giro, como ayuda al desarrollo; atacar los paraísos fiscales que anulan la capacidad recaudatoria de los países en desarrollo. Esta iniciativa, a pesar de lo difícil de llevarla a cabo, es un esfuerzo político global importante en la busca de nuevas formas de reducir la pobreza.

nacional más justas y una mejor gobernabilidad en los países pobres permitirían que se avanzara de forma importante en el camino hacia la eliminación de la pobreza extrema. El informe denomina a estas promesas el Pacto de Desarrollo del Milenio. Este pacto entre naciones fue acordado por primera vez en la Asamblea del Milenio, celebrada en 2000, cuando 150 líderes mundiales se reunieron en las Naciones Unidas para establecer los objetivos mundiales para el nuevo milenio. En esa y en reuniones posteriores, los países ricos se comprometieron a destinar hasta 0.7% del PIB para ayudar a los países pobres, nivel sustancialmente mayor al que ahora canalizan, de 0.2%. Otro dato importante es que los Estados Unidos, Japón, la Unión Europea y otros países ricos gastan más en subsidios agrícolas que en asistencia financiera. Aquí entra la cuestión ética de establecer reglas comerciales más justas y contribuciones mucho más generosas en la lucha contra la pobreza mundial. La gobernabilidad, como tercera promesa, es otra cuestión que plantea a los países en vías de desarrollo la responsabilidad de mejorar la administración pública y hacer las reformas necesarias para crecer y redistribuir.

Independientemente de estas consideraciones globales, de suyo importantes, creo que el ataque a la pobreza mexicana podría descansar en tres decisiones fundamentales de gobierno, independientemente de otras no menos importantes: una política social de largo plazo, destinada a elevar la equidad y garantizar la inclusión; un crecimiento económico que genere empleo de calidad, y una reducción de las disparidades de los sectores económicos, que agudizan las brechas productivas entre ellos y, por tanto, las enormes diferencias de ingresos. Estas tres formas de atacar la pobreza corregirían distorsiones y factores estructurales que la explican.

Si bien en el apoyo financiero y en las relaciones de comercio internacional poco se puede esperar —aunque nos corresponde continuar con la acción de política exterior que se realiza en el Grupo de los 20, surgida en Cancún a iniciativa de Brasil, Argentina, China, India y otros—, es en la eficiencia y la eficacia gubernamental para llegar a acuerdos donde se encuentra el mayor margen de maniobra para superar la pobreza. De tal manera que los programas asistenciales, aun cuando ayudan a atenuar la pobreza, no son suficientes, y constituyen sólo paliativos temporales. Lo que sí resulta relevante es crear políticas públicas para aumentar el ahorro, la inversión y el empleo.

El desempleo y la pobreza generan la migración. México es el principal expulsor de mano de obra a los Estados Unidos. La recepción de divisas, estimada en 18 000 millones de dólares para el año 2005, por remesas de los mexicanos en el exterior, ya supera los ingresos anuales que tenemos por el turismo. Estas remesas mantendrán su tendencia creciente, conforme la oleada migratoria de mexicanos a los Estados Unidos aumente. Por su magnitud, los recursos no son más que la expresión de la incapacidad de la economía en la creación de empleos.

El fenómeno migratorio tiene un siglo de existencia. Las remesas de dólares que envían nuestros compatriotas a sus familiares beneficia a uno de cada cinco hogares mexicanos. Esto advierte su importancia. Pero las remesas no se destinan a la inversión productiva, sino a necesidades urgentes de comida, vestido, vivienda, servicios educativos y de salud. Pone de manifiesto, eso sí, las diferencias económicas entre nuestro país y los Estados Unidos y el insatisfecho requerimiento en México de empleos para una población en edad de trabajar, hecho asociado a la necesidad del vecino país del norte de disponer de mano de obra barata y de baja calificación.

Según el Consejo Nacional de Población, el número de emigrantes continuará elevándose hasta el año 2030, de acuerdo con tendencias y proyecciones de población, excediendo los 400 000 mexicanos por año. En consecuencia, también se elevarán las remesas de dólares recibidas anualmente. Constituye, por tanto, un fenómeno de la vida del país. En algunas regiones es más agudo, como las áreas rurales de nueve entidades federativas del centro-occidente de la República, donde de cada dos hogares uno está relacionado con familiares que trabajan en los Estados Unidos.

El fenómeno migratorio no es aislado ni efímero. Es resultado de nuestro crecimiento demográfico y de la incapacidad de aprovechar el "bono demográfico". Las remesas han cobrado una importancia crucial en el flujo de divisas del país, y si bien a corto plazo esto ayuda a resolver problemas de disponibilidad de divisas, de fondo es una falla estructural del funcionamiento de la economía.

Por lo pronto, se trata de un problema migratorio bilateral entre los Estados Unidos y México, que no muestra solución visible. El ex embajador estadunidense en México, Jeffrey Davidow, comenta en un libro publicado recientemente: "... aquellos que sostienen que el acuerdo [migratorio] se habría concretado pronto si los terroristas no hubieran atacado, están equivocados. No fue Al Qaeda quien detuvo el impulso de Guanajuato, sino los problemas políticos y prácticos que hacen de la política migratoria una de las áreas más difíciles y controvertidas de la ley estadunidense".[9]

En efecto, la cuestión es difícil. Resulta necesario que las autoridades mexicanas insistan en alcanzar acuerdos con el gobierno de los Estados Unidos para obtener que se respeten los derechos humanos y laborales de los inmigrantes. A su vez, es indispensable intensificar relaciones y labores de convencimiento entre los legisladores de aquella nación, con el fin de lograr una legislación que mejore las condiciones migratorias. En vez de esperar cambios ambi-

[9] Véase, de Jeffrey Davidow, *El oso y el puercoespín*, Grijalbo, 2003.

ciosos que no ocurrirán, avancemos en un gradualismo constructivo.

De fondo, la única solución es impulsar el crecimiento económico acelerado para absorber a los nuevos trabajadores que se incorporen al mercado de trabajo, así como el rezago acumulado. Esto ocurrió con la emigración de España e Irlanda, cuando esos países se encaminaron en la senda del desarrollo económico acelerado.

Si no acometemos la tarea de resolver la cuestión demográfica, continuará el problema de exceso de población en demanda de empleos y servicios —lo mismo que la migración—, y con efectos imprevisibles.

F. Sugerencias de política demográfica

Debemos hacer un esfuerzo para reducir el crecimiento demográfico y elevar lo más posible el económico; de lo contrario, corremos el riesgo de que, como advertía el demógrafo mexicano Gustavo Cabrera, "...en el siglo xxi, con un cambio poblacional sin transformaciones económicas fundamentales, se produzca la demografía de la pobreza".[10]

Se necesita un amplio consenso político y programas efectivos del gobierno, específicamente para enfrentar el problema y concertar las soluciones con la sociedad, que es la principal participante. Italia, un país católico, según las tendencias, no elevará su población durante los próximos 20 años, conservando el mismo nivel de 58 millones de habitantes. España, otro país católico, apenas la elevará de 41 millones en 2003 a 43.5 millones en 2025, esto es 2.5 millones en 20 años, aumento que en México se produce en menos de dos años. Portugal mantendrá su población de diez millones en los próximos 20 años.

[10] Citado por Luz María Valdés en *Población, reto del Tercer Mundo*, UNAM-Miguel Ángel Porrúa, México, 2000, p. 294.

Por diversas razones, la cuestión demográfica es ignorada, quedando fuera de las decisiones de los asuntos trascendentes, de las reflexiones sobre el presente y el futuro del país. Es definitivamente un error. Su exceso es fuente de pobreza; su control para que disminuya, una política pública sensata.

Las tendencias demográficas del país apuntan a una disminución a largo plazo, derivada de la urbanización, la difusión de preferencia por la familia pequeña, el mejoramiento de la condición social de la mujer, los cambios en la organización familiar y la transformación del papel que desempeñan hombres y mujeres tanto dentro de la familia como fuera de ella. También se advierte a largo plazo que tendremos una estructura demográfica más entrada en años y un perfil de morbimortalidad dominado por las enfermedades crónico-degenerativas.

No obstante, en los próximos años tendremos dos problemas aún mayores: *1)* una demanda de empleos de 1 400 000 personas por año que no podremos satisfacer —lo que agudizará las tendencias de empobrecimiento actual—, empleos sólo en el sector informal, además de emigración, que es un escape demográfico, y *2)* el ascenso de la población de mayor edad que requerirá atención de seguridad social, jubilaciones y pensiones, lo que significa requerimientos financieros que no estarán disponibles si no se reestructura totalmente el régimen de pensiones y jubilaciones, hoy en crisis. Ante estos problemas, y en vista de que el futuro ya nos alcanzó, a continuación se formulan una serie de sugerencias.

a) Ampliar e intensificar los programas de planificación familiar voluntaria dirigidos por el gobierno mexicano, particularmente en los sectores de la población de estratos medios y bajos, en las zonas urbanas, con el objeto de reducir el crecimiento demográfico. La pobreza humana, hacinada en las áreas urbanas, va en aumento, con efectos imprevisibles para la seguridad alimentaria, la nutrición y la estabilidad política.

b) Focalizar la atención de reducción del crecimiento demográfico mediante la planificación familiar en las zonas más atrasadas del país, que es donde se tienen los índices de fecundidad mayores, asociados a la desigualdad social, económica, étnica y de género. La condición de pobreza ejerce una influencia negativa en el comportamiento demográfico.

c) Fortalecer la inversión en capital humano, en especial en educación, y propiciar, mediante políticas de desarrollo productivo, la incorporación al trabajo de las actuales y futuras generaciones de jóvenes y adultos que, ante la ausencia de empleo y educación, emigran o se unen al mundo de la delincuencia.

d) Evitar que se acentúe la desigualdad rural-urbana del país. Esto responde al requerimiento de distribuirnos mejor en el territorio.

e) Buscar un acuerdo migratorio sobre la base de considerar como prioritario el fenómeno de los emigrantes. Existen razones de equidad así como de eficiencia para justificar el movimiento migratorio hacia los Estados Unidos; pero se necesitan acuerdos para guiar el movimiento fronterizo de la población y garantizar los derechos de los emigrantes para facilitar su integración en el mundo laboral. Negociar un acuerdo migratorio implica involucrar asuntos binacionales tan importantes como la seguridad fronteriza, a fin de que el territorio quede fuera del alcance de terroristas, narcotraficantes y contrabandistas mediante sistemas confiables de seguridad en los pasos fronterizos, puentes, puertos, aeropuertos, además de seguridad energética para beneficiar a los dos países. A México, con la renta petrolera, y a los Estados Unidos, con el suministro de petróleo.

f) La cuestión demográfica no es aislada ni irrelevante, calibra todas las demás variables. Por ello deberá existir congruencia entre las diversas políticas públicas que atienden el empleo, la educación, la salud, la alimentación, la vivienda, el crecimiento de las ciudades, el desarrollo regional, el medio ambiente, el agua y los energéticos. El problema del alto crecimiento demográfico, como ocurre en México, está en la raíz de los obstáculos al desarrollo económico.

II. DESARROLLO HUMANO

A. Estado de derecho y cultura de la legalidad

El Estado de derecho mexicano adolece de grandes debilidades y aún estamos lejos de tener una suficiente cultura de la legalidad. Diariamente conocemos de grandes faltas cometidas por servidores públicos y miembros de la sociedad; padecemos de serios problemas de seguridad pública, que día a día aumentan; el narcotráfico y el crimen organizado parecen imbatibles pese al esfuerzo de las autoridades. Vivimos en una sociedad atemorizada e insegura, lo que en la actualidad es motivo de emigración aun de las clases pudientes. Estos fenómenos afectan nuestro desarrollo económico y social; alejan a los ahorradores e inversionistas nacionales y extranjeros, agudizando el bajo crecimiento económico y la falta de generación de empleos suficientes.

Es responsabilidad del Estado hacer respetar las leyes, garantizar el debido proceso de los asuntos objeto de una sentencia judicial y proteger los derechos humanos. Esto constituye la base ética de una política de seguridad ciudadana. La seguridad de las personas es un derecho social, entendido como expresión de solidaridad y repudio a la violencia como método de relacionamiento.

Esto plantea la necesidad de una reforma a la justicia de México, así como en el pasado se hicieron las que permitieron tener una real división de poderes y fortalecer el Poder Judicial de la Federación. Pero, hay que reconocerlo, si las reformas no se continúan, consolidando lo que se inicia, terminan por neutralizarse, porque la cultura de la ilegalidad se afirma con el dinero y la impunidad.

Desde el punto de vista intelectual, está bien hacer propuestas en favor del fortalecimiento del Estado de derecho y la legalidad, pero en política, si no se hace nada, todo queda en retórica.

También preocupa a propios y extraños que en México el gobierno esté perdiendo el respeto de la sociedad, explicable por una apatía en el ejercicio del poder y del gobierno. Gran parte de esta falta de respeto está relacionada con la inseguridad que vive el país. Un Estado débil es muy peligroso, porque la legalidad del Estado es sustituida por los llamados poderes fácticos, entre los que figuran, de manera sobresaliente, el narcotráfico, el crimen organizado, la guerrilla.

Si la función de crear riqueza y distribuirla se dificulta, como está sucediendo en México, entonces el Estado actúa en un triángulo perverso: democracia, pobreza y desigualdad. Esto es una regresión, en particular cuando los partidos políticos, las organizaciones no gubernamentales y los organismos multilaterales reconocen la necesidad de introducir en nuestro país reformas basadas en el crecimiento con equidad.

Internamente deben engarzarse más los objetivos y acuerdos entre el gobierno y los partidos políticos, para acometer los retos de gobernabilidad y desarrollo económico y social. Y hacia fuera, participando de manera más coordinada y efectiva con los países con los que tenemos similitudes, para potenciar posibilidades de una mayor participación en las decisiones globales. En un mundo sin utopías, de falta de solidaridad, de omisión del papel equilibrador del Estado, se hace evidente cada vez más la prevalencia de los intereses particulares sobre el interés general. En nuestro país se refleja esta regresión.

En las últimas dos décadas se ha llevado a cabo en México una serie de reformas que ha permitido mejorar la competitividad de la planta productiva, abrir su mercado al exterior y lograr la estabilidad macroeconómica. Han sido reformas importantes, al igual que los cambios realizados en el campo de la administración de la justicia y la cultura de la legalidad, pero las transformaciones tienen que continuar. Diversos estudios reconocen que el ahorro, la inversión, la innovación y el cambio tecnológico, como fuentes de crecimiento económico, sólo ocurren si en una economía de mercado como la nuestra existe un Estado de derecho, sustentado en una cultura de la legalidad, y si los individuos tienen la seguridad de que sus bienes y los beneficios que de ellos se derivan son respetados. Paralelamente a la protección de los derechos de propiedad, está la protección de los derechos cívicos fundamentales; no podemos cerrar los ojos a la situación de millones de personas que no pueden satisfacer sus necesidades más elementales.

En una sociedad libre, los derechos de propiedad son fundamentales; sin ellos no es posible la paz y el progreso económico, ya que representan en la esfera económica lo que en el ámbito social y político significa el principio de igualdad de todos los seres humanos ante la ley. El respeto a los derechos de propiedad en un Estado de derecho —régimen judicial en el que todos los individuos e instituciones se sujetan a las normas jurídicas— es condición esencial para el funcionamiento de toda economía, porque permite que los individuos puedan organizar y formalizar con certeza sus actividades productivas mediante diversos tipos de contratos.

Es mucho lo que se ha avanzado en materia de justicia, en cultura de la legalidad y en la deseable protección de los derechos de propiedad, pero hace falta avanzar más para configurar un gobierno de leyes y no de personas, a causa de la frecuente deficiencia del sistema. Dice José Ramón Cossío, ministro de la Suprema Corte de Justicia:

Admitamos que la justicia (sea en la forma de procuración o de impartición) es el modo más racional que conocemos para resolver los conflictos derivados de la escasez, de la diversidad ideológica o, si se quiere llegar a tales extremos, de la condición humana. Por lo mismo, entendamos que al hacernos cargo de ella, al reformarla, al conferirle nuevas funciones y sentidos, creamos las vías para resolver muchos y complejos diferendos. A partir de los resultados que se obtengan, habrán de conducirse las disputas por la ideología, la mucha o poca riqueza, la libertad, el proyecto de vida o aquello que cada cual pretenda reclamar de otro, sea éste un particular o el Estado. Precisamente por estar en un momento de cambio social profundo, y no meramente ante una transición de las élites, los símbolos o el poder políticos, es preciso acometer una reforma que nos permita instrumentalizar los propios conflictos y encontrarles una solución que estimemos socialmente razonable.[1]

Algunas reformas necesarias son, entre otras, las siguientes:

a) Reformar leyes que atentan contra los derechos de propiedad. Las leyes con preceptos ambiguos, contradictorios y, con frecuencia, imposibles de cumplir dificultan su interpretación y aplicación. Esta facultad mina el principio de seguridad jurídica de los individuos y propicia privilegios políticos y económicos a ciertos grupos en detrimento de todos. En la actualidad, la legislación mexicana es deficiente para el desarrollo de mercados competitivos, por exceso de normatividad o ausencia de ella, lo que acrecienta el riesgo de una baja actividad productiva en el país.

b) Fortalecer la rendición de cuentas de los servidores públicos. Para contar con un ejercicio más eficaz de las funciones públicas en la administración de la justicia, la ejecución de las sentencias judiciales y la legislación económica,

---

[1] José Ramón Cossío, "¿Qué justicia queremos?", Círculo de Estudios México, 1° de marzo de 2004.

se necesitan mayores sanciones por el incumplimiento de las leyes y la evaluación del desempeño de los servidores públicos.

c) Aumentar la independencia del Poder Judicial. La autonomía de su manejo es fundamental: evitaría que la gestión de ministros, magistrados y jueces se viera afectada por presiones y facultaría una mejor defensa de los derechos de los particulares. La remoción de estos servidores públicos sólo debe efectuarse por violaciones a su mandato. Un Poder Judicial autónomo es indispensable para asegurar que las leyes se apliquen con justicia.

d) Facilitar el acceso de la población a la procuración de justicia, eliminando las barreras al acceso a la justicia y estableciendo procedimientos claros y simples para denunciar delitos y presentar pruebas. Crear canales de información para que la población se encuentre mejor orientada sobre sus derechos y los procedimientos mediante los cuales los puede hacer valer.

e) Aumentar los presupuestos para la procuración de justicia a nivel federal y estatal. Se requiere canalizar más recursos económicos a la procuración de justicia, en especial a los poderes judiciales de las entidades federativas; aumentar el apoyo del Poder Ejecutivo, federal y local, a la procuración de justicia mediante la capacitación y profesionalización de los agentes del Ministerio Público en la integración de averiguaciones previas e investigaciones, así como una fuerza pública más capacitada que permita la ejecución de las resoluciones judiciales. Los mayores recursos deben reflejarse en la reducción de los tiempos procesales, en la formación de los recursos humanos, en una mejor infraestructura y, en última instancia, en el decremento de los costos de acceso a la procuración de justicia para los individuos en la defensa de sus derechos.

f) Resolver el problema de la inseguridad, reflejo de las desigualdades sociales, del desempleo, la impunidad y de una falta de decisión gubernamental para superarla, al no contar con una policía profesional y respetable.

B. La educación, esencia de la inversión en capital humano

La educación es el eje para mejorar cualitativamente nuestras capacidades para gozar la cultura y la vida. Pero, además, tiene un gran significado político y económico. Mejores ciudadanos conduce a mejores gobiernos y países. Mayor capacidad profesional permite cumplir la doble función de preparar una fuerza de trabajo que dé apoyo a los procesos productivos y de innovación o absorción tecnológica, y ofrecer oportunidades de desarrollo individual que contribuyan a la equidad.

Si bien durante las últimas décadas nuestro sistema educativo ha registrado una expansión cuantitativa apreciable, aunque menor a la de los países de la OCDE, de la que México forma parte, se advierten deficiencias que limitan su alcance. Entre otras, figura la baja calidad, que ha conducido a una insatisfactoria formación de habilidades básicas, así como la incongruencia de los contenidos curriculares y los métodos de enseñanza, alejados de los requerimientos que plantea la modernización productiva.

Un objetivo fundamental es, por tanto, cerrar la brecha entre el mundo de la educación y el sistema productivo. Esto significa preparar a los jóvenes para que puedan entender los pasos lógicos de la organización del proceso productivo, como son los manuales y la informática.

La educación une al gobierno con la sociedad, moviliza energías sociales y generosidades individuales, hace del ser humano un ente que potencia su creatividad, la razón y los sentimientos positivos. Un proyecto educativo es, por consiguiente, un proyecto de nación. En los países desarrollados, la enseñanza está orientada, desde la niñez, no tanto a la memorización, sino al planteamiento y solución de problemas. Ello no sólo prepara a niños y jóvenes a identificar problemas de la vida real, y así tomar confianza en su capacidad para resolverlos, sino que los alienta a esforzarse en los estudios, a buscar y encontrar soluciones a los retos que tienen o deberán enfrentar.

La educación permite ciudadanizar a la población. Se necesitan largos procesos de añejamiento para que la democracia y la ciudadanía tengan calidad.

La educación es un asunto que debe figurar en todas las estrategias de desarrollo social. Su ausencia es ahondar las raíces del subdesarrollo. Nadie, por fortuna, plantea ignorar su importancia.

La importancia de la inversión en capital humano se advierte en un estudio del Banco Mundial de 1995 sobre 192 países, en el que concluye que sólo 16% del crecimiento económico se puede atribuir al capital físico (maquinaria, edificios e infraestructura); 20% proviene del capital natural, y 64% puede ser atribuido al capital humano y social. El análisis del crecimiento de los países del este de Asia y Japón también coincide con esta conclusión. Asimismo, la alta inversión en recursos humanos explica los logros de sociedades avanzadas como Canadá, los países nórdicos, Holanda y Bélgica.[2]

En los próximos años ocurrirá en México una demanda más intensa de educación, que se trasladará a los niveles medio superior y superior, por lo que será necesario ampliar la cobertura y calidad de este servicio. Rodolfo Tuirán[3] estima que México tendrá que hacer un esfuerzo considerable para pasar de un nivel educativo de 7.7 años de escolaridad en promedio a por lo menos 12 años si quiere estar en

---

[2] Tomado de Bernardo Kliksberg, *Hacia una economía con rostro humano*, México, FCE, 2002, p. 19.

[3] Rodolfo Tuirán, "Los desafíos demográficos en el nuevo milenio", 2004.

condiciones de competir con el resto del mundo. Al respecto, se calcula que para atender a la población de 15 a 18 años en el nivel medio superior y lograr una cobertura universal en el año 2020 será necesario multiplicar hasta seis veces la actual capacidad instalada.

La cuestión de la calidad educativa, por otra parte, está irremediablemente ligada a los recursos disponibles para emprender la mejora educativa y a la consideración de su significado económico y cultural.

La Organización para la Cooperación y el Desarrollo Económico (OCDE) y la Organización de las Naciones Unidas para la Educación, la Ciencia y la Cultura (UNESCO) ofrecieron en julio de 2003 una comparación del desempeño de estudiantes de 15 años en las áreas de lectura, matemáticas y ciencias en 28 de sus 30 países miembros y en 15 naciones no miembros. (Los resultados se consignan en el cuadro II.1.[4]) De la información del cuadro se desprende que en los tres tipos de exámenes México se encuentra en la posición

CUADRO II.1. *Lugar de cada país en las respectivas pruebas*

Lectura	Ciencias	Matemáticas
1. Finlandia	1. Corea	1. Hong Kong-China
2. Canadá	2. Japón	2. Japón
3. Nueva Zelanda	3. Hong Kong-China	3. Corea
4. Australia	4. Finlandia	4. Nueva Zelanda
5. Irlanda	5. Reino Unido	5. Finlandia
16. Estados Unidos	15. Estados Unidos	20. Estados Unidos
34. México	34. México	34. Argentina
35. Argentina	35. Chile	35. México
36. Chile	36. Argentina	36. Chile
37. Brasil	40. Brasil	40. Brasil
41. Perú	41. Perú	41. Perú

[4] Tomado de *Educación, productividad y empleo*, Fondo Mexicano para la Educación y el Desarrollo, Año VII, núm. 70.

de rezago 34-35. Obviamente los primeros lugares los tienen los países desarrollados, donde se dispone de una infraestructura educativa muy avanzada.

Aunque México ha realizado un importante esfuerzo en el ámbito educativo, su desempeño deja mucho qué desear, sobre todo si se le compara con países que consideran la educación como uno de los elementos más importantes del capital humano, fundamental en el logro de una ascendente productividad global de la economía.

Para evaluar la calidad de la educación básica, el gobierno federal creó el Instituto Nacional de Evaluación Educativa (INEE), que en su primer informe anual, celebrado en el año 2003, ofreció las siguientes conclusiones:

a) La cobertura en educación primaria está cerca de 100%; la deserción ha disminuido pero todavía es alta debido a la falta de motivación por parte de los maestros, así como a los insuficientes ingresos familiares de los estudiantes. En secundaria la cobertura sigue siendo baja y la deserción muy alta.

b) El nivel de aprendizaje que alcanzan los alumnos de primaria y secundaria dista mucho, en promedio, de ser el deseable, tanto en relación con los objetivos de los planes de estudio como con los escenarios internacionales. En nuestro país se ha ignorado por completo el problema de la orientación necesaria para despertar el espíritu de creatividad.

c) Tanto la cobertura como el nivel de aprendizaje y otros indicadores educativos presentan desigualdades muy grandes, debidas a las grandes disparidades regionales que tiene el país.

d) En promedio, las escuelas privadas presentan mejores resultados que las escuelas públicas, pero las diferencias desaparecen o se reducen mucho si se toma en consideración el contexto sociocultural.

e) Entre las escuelas públicas, las urbanas logran mejores resultados que las rurales; las escuelas indígenas obtienen los resultados más bajos del sistema.

f) En secundaria los resultados menos satisfactorios se registran en las telesecundarias.

La educación media y superior también presenta rezagos importantes, por múltiples factores, pero el principal es el reducido gasto, sobre todo en el sector de la investigación científica y tecnológica. Durante los últimos 20 años, la inversión en ambos campos no rebasó el nivel promedio de 0.4% del producto interno bruto.

Las instituciones de investigación —varias de ellas de la UNAM y del IPN, algunas de excelencia a nivel internacional— no integran un sistema articulado. Cada institución trabaja de acuerdo con sus propios objetivos, que poco tienen que ver con la política nacional o con la industria que demanda a los profesionales egresados. Hay una distancia muy grande entre la escuela y las actividades productivas, en particular las industriales.

Un análisis por país sobre la inversión en ciencia y tecnología realizada por el Conacyt, en el contexto de la competitividad internacional, muestra las disparidades entre los países. (En el cuadro II.2. se presenta esta información.) El Banco Mundial ha reconocido que:

la persistente desigualdad y la baja calidad caracterizan los sistemas de educación básica de América Latina. Las desigualdades en educación —en acceso a la escuela, disposición, asistencia, calidad en la enseñanza y resultados del aprendizaje— perpetúan las desigualdades en la sociedad y en los ingresos y contribuyen a hacer de América Latina y el Caribe una de las regiones del mundo con más elevada desigualdad.[5]

[5] En Guillermo Jaim Etcheverry, *La tragedia educativa*, México, FCE, p. 207.

CUADRO II.2. *Inversión en investigación y desarrollo científico y tecnología. Ingresos per cápita y competitividad internacional*

País	Inversión en ID en proporción al PIB %	Ingreso per cápita (en miles de dlls.)	Posición en competitividad mundial
Estados Unidos	2.06	35	1
Holanda	2.02	23	4
Singapur	1.88	20	5
Australia	1.55	18	14
España	0.90	15	23
Portugal	0.75	11	33
México	0.40	6	41
Venezuela	0.33	5	48

FUENTE: Conacyt, cifras correspondientes al año 2000.

Además, tenemos un severo problema con el magisterio, caracterizado por excesivas distorsiones. Existe un alto porcentaje de gasto que se canaliza al sindicato y no a las aulas. Ello explica el exagerado gasto administrativo y también los obstáculos para modernizar la educación en nuestro país. Lo que lleva a las siguientes recomendaciones:

a) Dedicar mayor atención a la calidad educativa.
b) Políticamente, el sindicato de maestros y la disidencia institucionalizada deben realizar su aporte a la reforma de la calidad educativa, que debe ser un proceso continuo.
c) Coordinar las responsabilidades educativas de las instituciones de educación superior para complementar y apoyar las actividades productivas del país.

 d) Promover una oferta más cuantiosa de servicios educativos privados.

 e) La política educativa debe estar integrada a la política
 social. En las comunidades más marginadas del país, la
 educación es la prioridad de las demandas, porque de
 esa manera se incorporan a la economía de mercado.

Independientemente de la función relevante que tiene
la educación en la formación humana y en la productividad, es también esencial en el desarrollo democrático. John
Ralstan Saul dice: "la existencia de sistemas escolares públicos de alta calidad, al menos durante los primeros doce
años de formación, constituye la clave para conformar una
democracia cuya legitimidad reside en los ciudadanos. Al ir
abandonando el principio de una educación pública de calidad, vamos erosionando cada vez más la democracia".[6] Si
queremos mejorar la democracia, tenemos que hacer un
mayor esfuerzo educativo.

En cuanto a la conformación del Estado y de sus individuos, el filósofo y economista político inglés John Stuart
Mill decía:

> En el largo plazo, el valor de un Estado es el valor de los indi-
> viduos que lo integran. Un Estado que posterga el interés de la
> expansión intelectual y la elevación de la calidad de la gente
> descubrirá que con hombres pequeños no se puede lograr na-
> da grande. La perfección de la maquinaria a la que ha sacrifi-
> cado todo finalmente no significará nada porque le faltará la
> potencia vital que el Estado ha decidido eliminar para que
> la máquina pueda funcionar sin problemas.[7]

---

[6] J. R. Saul, *The Unconscious Civilization*, Nueva York, The Free Press,
1995.
[7] John Stuart Mill, *Sobre la libertad*, 1859.

C. Salud: cobertura y calidad

Al igual que el servicio educativo, el de salud se encuentra con el reto de una población en constante crecimiento que demanda más servicios. Actualmente el sistema nacional de salud cuenta con cerca de 17 600 hospitales, clínicas y centros de salud, que son atendidos por 129 000 médicos y 176 000 enfermeras. Si tan sólo se mantuviera constante el actual número de médicos por cada 1 000 habitantes, en las próximas décadas el sistema nacional de salud requeriría alrededor de:

- 146 000 médicos en el año 2010, y
- 167 000 médicos en el año 2030.

Es decir, 17 000 médicos más en la primera década del siglo XXI, y 21 000 médicos adicionales en las décadas siguientes. Asimismo, se estima que para cumplir con la recomendación internacional de tres enfermeras por cada médico se necesitarán:

- 437 000 enfermeras en el año 2010, y
- 502 000 enfermeras en el año 2030.

Es decir, 187 000 más en la primera década y alrededor de 65 000 en las dos siguientes.

Esta fotografía a futuro nos advierte que el sector salud deberá desplegar un gran esfuerzo para tener la capacidad de servicio que la sociedad demanda, distribuida en todo el territorio nacional, de manera equilibrada. La necesidad de mayor inversión en salud resulta innegable, al igual que la inversión en educación, ambos sectores esenciales para tener calidad en nuestro capital humano.

Una buena salud es fundamental porque define el tiempo que una persona puede dedicar a las actividades productivas durante su vida. Por tanto, la garantía de protección a la salud con cobertura universal y de alta calidad son elementos fundamentales en la definición política de la salud pública de cara al crecimiento económico. Diversos autores han calculado, por ejemplo, que un año de aumento en la expectativa de vida de la población en los países desarrollados contribuye al incremento en el crecimiento del PIB por habitante.[8]

Los diversos gobiernos mexicanos han emprendido políticas ambiciosas que han permitido avances importantes en las condiciones de salud. Entre 1950 y el año 2000, esto es, durante 50 años, a pesar de que la población se multiplicó casi cuatro veces, el sistema de salud pública logró la prevención y la erradicación de enfermedades infecciosas. Las campañas de vacunación han permitido una cobertura de casi 100% en el programa básico de inmunizaciones, cuando hace diez años sólo se llegaba a 80% de la población. Por ello, desde hace más de una década en México ya no se presentan casos de polio y difteria, o de varicela y sarampión en 50 años. Además, existen vacunas para la varicela y el neumococo.

La Organización Mundial de la Salud y el Consejo Nacional de Población ofrecen indicadores de mortalidad para el periodo 1950-2025 (véase cuadro II.3) que permiten apreciar las tendencias previsibles.

Las medidas preventivas han reducido la mortalidad y prolongado la esperanza de vida. A mediano y largo plazos, esto es, para los próximos 20 años, se mantendrán las actuales tendencias en la esperanza de vida y la tasa de mortalidad de la población, pero con un ritmo de avance menor que en el pasado. Se mantendrá el control de las enfermedades transmisibles, pero no así el de las no transmisibles, como

[8] BBVA-Bancomer, "Calidad de los servicios de salud pública", *Serie Propuestas*, núm. 19, febrero de 2002, p. 3.

CUADRO II.3. *Indicadores de mortalidad en México, 1950-2025*

Años	Esperanza de vida al nacer (años)	Mortalidad. Todas las causas (por cada 1 000 hab.)	Enfermedades transmisibles de la nutrición y de la repro- ducción (%)	Enfermedades no transmisibles
1950	49.6	16.0	49.8	43.7
1960	57.9	11.5	46.3	47.1
1970	61.7	10.0	57.3	34.7
1980	67.0	6.7	34.4	49.8
1990	71.4	5.0	26.2	59.8
2000	75.3	4.5	14.0	73.3
2010	78.1	4.2	12.5	73.0
2025	81.2	5.0	10.1	77.8

FUENTE: Conapo y OMS. Tomado de BBVA-Bancomer, "Calidad de los servicios de salud pública", *Serie Propuestas*, núm. 19, febrero de 2002, p. 5.

las cardiovasculares, neoplasias y metabólicas. Esto plantea la necesidad de contar con una mejor infraestructura médica y una reconversión de los sistemas de salud pública, hoy especializados en la atención de enfermedades transmisibles. Es decir, nuestro sistema ya está requiriendo de una reforma para ampliar su cobertura en las enfermedades no transmisibles. Éste es el reto actual, y para enfrentarlo se requieren mayores recursos.

Las limitaciones de nuestro sistema de salud, que sirven de referencia para conocer la situación actual, se aprecian en el cuadro II.4, en el que se advierte, en comparación con otros países, nuestra ubicación. Un análisis de esa información permite saber cómo estamos y qué necesitamos hacer para mejorar lo que tenemos. Dentro de este cuadro comparativo de la Organización Mundial de la Salud, México se ubica en la posición 61 de un total de 191 países. Otros paí-

CUADRO II.4. Indicadores internacionales de salud

	Esperanza de vida sana (años)*	Gasto total en salud (% del PIB)	Gasto total por habitante en salud (dólares)	Desempeño global del sistema de salud (posición)	Equidad financiera (posición)
Estados Unidos	67.2	13.0	3 915.0	37	54
Alemania	69.4	10.5	2 225.0	25	6
Canadá	70.0	9.0	2 183.0	30	17
Australia	71.5	8.4	1 950.0	32	28
Francia	70.7	9.4	1 905.0	1	26
Japón	73.8	7.4	1 783.0	10	9
Italia	71.2	7.7	1 603.0	2	46
Reino Unido	69.9	6.7	1 457.0	18	10
España	70.6	7.1	1 104.0	7	27
Argentina	63.9	8.0	995.0	75	92
República Checa	65.6	7.1	870.0	48	71
Chile	65.5	7.2	642.0	33	168
Polonia	61.8	6.1	465.0	50	150
Arabia Saudita	59.5	4.0	461.0	26	37
Brasil	75.1	6.5	454.0	125	189
Costa Rica	65.3	7.0	448.0	36	64
México	64.2	5.4	443.0	61	144
Colombia	60.9	9.3	433.0	22	1
Omán	59.7	3.2	327.0	8	56
Venezuela	62.3	4.6	289.0	54	98
Perú	58.8	4.0	188.0	129	184
China	62.1	4.2	127.0	144	188

* Se entiende como el equivalente a los años de buena salud que se espera vivirá un recién nacido en función de las tasas de morbilidad y de mortalidad del momento.

FUENTE: Informe sobre Salud en el Mundo 2001, OMS, con información de 1997. Tomado de BBVA-Bancomer, "Calidad de los servicios de salud pública", *Serie Propuestas*, núm. 19, febrero de 2002, p. 6.

ses, con un gasto de salud por habitante igual o inferior a México, como Omán, Venezuela y Arabia Saudita, tienen un mejor desempeño y ocupan, por tanto, mejores posiciones.

La falta de competitividad del sistema de salud de nuestro país refleja las deficiencias en cobertura y calidad de los servicios. Por un lado, la cobertura es insuficiente y, por otro, la atención médica presenta una baja calidad. Se estima que el sistema de salud pública deja sin atención hasta a un tercio de la población y sólo atiende 50% de la demanda total de servicio, además de su heterogénea y baja calidad. La Secretaría de Salud estima que en una escala de 0 a 100, la calidad fue de 68 para hospitales, y de 52 para los centros de atención ambulatoria.

El actual gobierno realizó una reforma para crear el Seguro Popular de Salud, que, por su contenido, es una vía para democratizar la salud en México y avanzar hacia un sistema universal de salud. El proyecto ya está realizándose parcialmente y se estima que estará consolidado en 2010, si fluyen los recursos financieros para lograrlo.

El problema de este proyecto es que su preferencia ha significado el abandono del gasto en salud de instituciones ya existentes, como el IMSS y el ISSSTE, que tienen una larga experiencia de organización y cobertura en todo el país. Son instituciones que necesitan reformas, como todas las instituciones, pero ello no es razón para marginarlas en beneficio de un proyecto que compite con ellas por los recursos presupuestales.

Lo importante es instrumentar un esquema de financiamiento y realizar un rediseño para transformar nuestro sistema de salud, a fin de que atienda con satisfacción la demanda. Algunas sugerencias en favor de la salud de la población serían las siguientes:

a) Privilegiar la congruencia y complementariedad de todas las instituciones del sector salud, sin compe-

tencias y estableciendo objetivos precisos y los instrumentos para lograrlos.

b) Proveer servicios de salud de emergencia en las zonas marginadas, afectadas por desastres naturales o
por la pobreza.

c) Coordinar los servicios de salud para atender la com-
plejidad de las enfermedades. La SSA nunca desarro-
lló la capacidad suficiente para brindar la atención
médica de alta especialidad.

D. SEGURIDAD SOCIAL
CON PROBLEMAS DE FINANCIAMIENTO

El sistema de seguridad mexicano surge después de la segunda Guerra Mundial y es producto del Estado de Bienestar, que después hizo crisis en todo el mundo, sobre todo a
partir de la década de 1980. Cuando fue creado nuestro sistema de seguridad social, el Estado aseguraba los servicios
públicos, entre ellos las pensiones y jubilaciones; es un derecho de los trabajadores y empleados y obligación del Estado,
que tiene la responsabilidad de cumplir. Pero, además, el
concepto que encierra esta política pública es la de redistribuir el ingreso, necesario para el equilibrio social.

Ahora vivimos en una sociedad global que no está organizada en clases estables, como antes. Esto obliga a reformu-
lar el papel del Estado, sus relaciones con la sociedad, las
nuevas formas solidarias y los servicios públicos. Resultado
de la transición del Estado de Bienestar a una globalización
que reduce el papel del Estado es que los sistemas de seguridad en México pasan por una severa crisis de falta de recursos. A los errores que se cometieron en el manejo de los
fondos creados para pensiones y jubilaciones, se añade la
falta de toma de decisiones, respecto de acciones de largo
plazo, para enfrentar un pasivo creciente.

Es necesario hacer viable el sistema de seguridad social y, dentro de éste, las pensiones y jubilaciones. Durante una década, México, como país miembro de la OCDE, ha figurado entre los últimos lugares en la mayoría de las evaluaciones que sobre seguridad social ha realizado dicho organismo.

El problema que enfrenta una de sus instituciones en este sector, el IMSS, es que las necesidades de gasto del régimen de pensiones y jubilaciones y de la nómina reducen los recursos disponibles para los derechohabientes. Así, si continúa la actual crisis financiera, de una disponibilidad de 600 pesos en 2003 por derechohabiente, se pasará a la mitad en el año 2013, y a cero en 2020. Esto significa una absoluta descapitalización.

En el ISSSTE la problemática es más grave. En 2003 existió en la institución un déficit de 21 000 millones de pesos, que se incrementará a 35 000 millones en 2006 y a 45 000 millones en 2008. Esto hace imposible cumplir con los requerimientos financieros de las pensiones y jubilaciones. Por cada peso de ingreso del ISSSTE en el 2003 se otorgó un subsidio de 2.50 pesos. Esta situación pone en peligro el pago de las pensiones y la viabilidad del instituto.

En situación también grave, con serios desequilibrios financieros, se encuentran los estados de la República, la CFE, la Compañía de Luz y Fuerza del Centro, Pemex y la banca de desarrollo.

En México, al igual que en todo el mundo, se estudia a los ancianos como a una minoría creciente. La ONU prepara una reunión cumbre sobre el tema de la vejez, y en la pasada campaña electoral en los Estados Unidos, el pago de las pensiones y el costo de la salud pública fue el argumento identificador de los candidatos. En México, donde hay explosión de la fecundidad, se multiplica la demanda de empleo y crece la población vieja; los retos son mayores y las soluciones urgentes.

José Antonio González Anaya[9] plantea la necesidad de crear un Sistema Nacional de Pensiones. Una visión sistemática dentro de la estructura institucional es ya un avance, pues existen varios regímenes, y todos en crisis. Su propuesta considera que el Sistema Nacional de Pensiones tenga las siguientes características:

a) Permitir la plena portabilidad de la pensión cuando un trabajador cambie de empleo, incluso del sector público al privado.

b) Otorgar plena certeza jurídica al trabajador de que los recursos que él y su patrón han destinado a su pensión son de su propiedad.

c) Ser equitativo, evitando transferencias de la población en general, o de los trabajadores que menos tienen a grupos relativamente favorecidos.

d) Ser financieramente autosostenible y con los mecanismos adecuados para mantener su salud financiera de manera permanente.

No hay duda de que un sistema nacional de seguridad social tiene enormes problemas de financiamiento, pero sus beneficios también son inmensos.

Con un sistema de pensiones igual para todos los derechohabientes a nivel nacional, se modificarían muy favorablemente, desde el punto de vista económico y político, las presiones sindicales, tanto de los trabajadores de las empresas privadas como de los del sistema de seguridad social. Éste se debe basar en contribuciones de los trabajadores y las empresas, y su costo debe ser considerado parte del salario.

La pensión es el empleo del ahorro del trabajador. Esto daría lugar a que, en vez de ser una operación deficitaria para el Estado y las empresas, se convertiría en un sistema

---

[9] José Antonio González Anaya, "Panorama general de los sistemas de pensiones en México", Círculo de Estudios México, 7 de julio de 2004.

nacional de generación de ahorros. Claro está que los fondos de pensiones son ahorro en la medida en que no se utilicen incorrectamente, como prestaciones excesivas de los trabajadores de las empresas públicas que los administran.

E. Vivienda

Si bien el país ha tenido un avance notable en materia de vivienda, tanto por la acción directa del Estado a través del Infonavit como por parte de las sociedades financieras hipotecarias, todavía existe un déficit habitacional importante.

De acuerdo con las tendencias demográficas, se estima que la demanda de vivienda aumentará en razón de 880 000 por año durante las siguientes dos décadas, en contraste con la oferta actual, que asciende a cerca de 250 000 unidades. Esa demanda implicaría construir para el año 2020 el equivalente a más de 80% de las casas-habitación disponibles en 2004. Si hoy existen 23 millones de viviendas particulares en el país, en 2010 la cifra se elevaría a casi 32 millones, y en 2020 a 41 millones. Cabe también señalar que tan sólo siete entidades concentrarían poco menos de la mitad de las necesidades de vivienda. De esta manera, sería necesario edificar más de 137 000 viviendas por año en el Estado de México; 56 000 en Jalisco; 54 000 en Guanajuato; 49 000 en Veracruz y Puebla; 36 000 en el Distrito Federal, y 33 000 en Nuevo León.

Para que la edificación de viviendas sea más dinámica, se necesita resolver problemas como los siguientes:

a) Carencia de servicios públicos: luz, agua y drenaje, principalmente.

b) Necesidad de capital. Para construir 880 000 viviendas, se necesitan 25 000 millones de dólares por año, casi cuatro veces más de lo que se invierte ahora.

c) Integrar y homologar el mercado hipotecario.

d) Ofrecer desde lotes con servicios hasta vivienda residencial.

e) Apoyar la autoconstrucción formal y el mejoramiento de la vivienda.

F. México en el Índice de Desarrollo Humano

El Índice de Desarrollo Humano que realiza desde 1990 el Programa de las Naciones Unidas para el Desarrollo (PNUD) es un indicador compuesto por las siguientes variables: esperanza de vida, nivel de escolaridad y PIB por habitante. En 2000, México ocupó la posición número 50, de 174 países, o sea, una posición intermedia. Pero no es consuelo observar que hay muchos otros países en peores condiciones.

Una posición como la mexicana advierte una gran distancia con los países desarrollados que ocupan las primeras 25 posiciones, o con Chile, que ocupa la posición 34; Argentina, la 39; Uruguay, la 40; Costa Rica, la 45, y la 46, Trinidad y Tobago.

Al respecto, Vinod Thomas, director del Instituto del Banco Mundial, señala lo siguiente en un informe del propio banco denominado "La calidad del crecimiento": "La experiencia de los países en desarrollo y también de los industrializados muestra que no es meramente más crecimiento, sino mejor crecimiento lo que determina en qué medida aumenta el bienestar de quién. Países con ingresos y crecimiento similares han obtenido en las últimas tres décadas logros muy diferentes en educación, salud y protección del medio ambiente".[10]

---

[10] Vinod Thomas, "The Quality of Growth", Banco Mundial, Washington, 2000.

G. Propuestas para la acción

Independientemente de las propuestas que se hacen en el desarrollo de este capítulo, a continuación se presentan, a manera de síntesis, cuatro características estructurales que se tienen que superar para tener en México un mejor desarrollo humano.

a) La pobreza mexicana es un escándalo. Todos los indicadores sociales se remiten inevitablemente a ella. Entre otros, uno de enorme gravedad es el incremento de enfermedades no transmisibles crónicas asociadas al deterioro alimenticio y nutricional.

b) Tenemos una estratificación ocupacional que no favorece la movilidad social ni una mejor distribución del ingreso. La precariedad del empleo es generalizada. De tres empleos, dos son informales. Amartya Sen, un Premio Nobel que obliga a pensar, nos dice: "Hay mucha evidencia que sugiere que el desempleo tiene efectos negativos sobre el bienestar y la libertad, que van mucho más allá de la pérdida de ingreso, incluidos daños psicológicos, pérdida de motivaciones para trabajar, habilidades y autoestima, aumento en enfermedades y mortalidad, ruptura de las relaciones familiares y de la vida social, acentuación de las tendencias racistas y de las asimetrías de género".[11]

c) La desigualdad erosiona la unidad familiar. Con las desigualdades sociales crece la frustración, el desaliento, el desconsuelo y, también, la delincuencia. La desigualdad es de ingreso, educación, seguridad, salud, acceso a la justicia.

d) La criminalidad común es cometida fundamentalmente por jóvenes. Su tasa de crecimiento asciende paralelamente con tres condiciones sociales negativas: *1)* la desocu-

[11] Amartya Sen, *Tendencias del desarrollo a principios del siglo XXI*, BID, Washington.

pación juvenil, *2)* el deterioro familiar y *3)* el bajo nivel de la educación.

Ante esta situación, se necesita un tratamiento concertado y apoyado por toda la sociedad: gobierno, sector privado y sector social. No es sólo tarea del gobierno. Es de todos. Se requieren políticas sociales para mejorar la equidad. La política social debe concebirse como condición indispensable del desarrollo económico porque es la base de la paz interna. Erradicar la pobreza es una de las tareas más importantes. Pero, si bien es necesario más gasto social para programas que ataquen la pobreza, también es necesario superar el asistencialismo para dar cauce a programas que apoyen la producción organizada de los beneficiarios. Un nivel satisfactorio de vida, nutrición suficiente, atención de los servicios de salud, seguridad social y educación no son simplemente metas de desarrollo; son derechos humanos que permiten que el país sea más justo, más humano, más próspero, más seguro, en el contexto de una economía más organizada que permita el crecimiento.

Mejorar la equidad social requiere la sostenibilidad del crecimiento a largo plazo por dos razones, principalmente: una, se necesita cierto grado de equidad en la estructura y movilidad social, para mantener la estabilidad social, fundamental para la confianza de los agentes económicos; otra, la sostenida incorporación y difusión de la tecnología moderna en el sistema productivo requiere no sólo la formación apropiada de capital humano —sobre todo educación—, sino también la dispersión más amplia de capacidades y creatividad de la población.

III. RECURSOS SUSTENTABLES Y MEDIO AMBIENTE

Por sus recursos, México se ubica internacionalmente como un país intermedio entre los países ricos y los de menor desarrollo relativo. Al igual que China, India, Brasil y Argentina, tiene capacidad de desarrollo económico y social y, junto con ellos, un mayor protagonismo en las relaciones internacionales. Los países intermedios emergen como un poder en las actuales conformaciones políticas. Así se demostró en la reunión de Cancún de la OMC, en la que mantuvieron la posición de inclinarse por la eliminación de los subsidios a los agricultores de los países desarrollados, que afectan de manera notable la producción agropecuaria de las naciones en vías de desarrollo. No se logró el objetivo, pero tampoco fueron aceptadas nuevas reglas restrictivas para estos últimos.

Comparado internacionalmente, México es, por su dimensión geográfica, el país número 14; por su población, ocupa el número 11. La ciudad de México es la cuarta ciudad más poblada del mundo, y el país, por el volumen del PIB, es el número 12; por su ingreso por habitante, ocupa la posición 60, en lo que se advierte una incongruencia con sus recursos y potencialidades; en calidad de vida, de acuerdo con el Índice de Desarrollo Humano realizado por la ONU, estamos en el lugar 50. Nuestro país es el número 20 de entre los mayores exportadores mundiales; en la industria internacional ocupa la posición 11, la décima en la producción química y en la producción de carne procesada; es el noveno productor de azúcar, el quinto de café y plomo, el sexto en zinc, el primero en plata, el décimo exportador de petróleo, el número 17 en reservas probadas mundiales de gas

67

natural seco, el decimosexto consumidor de energía; ocupa la posición 53 en carreteras pavimentadas, la 17 en tráfico aéreo, la décima en atracción turística; es el noveno productor mundial de frutas... Esta breve enumeración confirma su posición de país intermedio en el contexto internacional.[1]

A. LOS RECURSOS NATURALES

Nuestro país es rico en ecosistemas con distancias muy cortas, característica que lo hace especial si lo comparamos con otros países. Se considera que, después de China, el nuestro es el más importante en ecosistemas del mundo. Si hacemos la advertencia de que China es varias veces más grande, se apreciará más nuestra riqueza. Esto es lo que maravilla a propios y extraños de nuestro país, y lo que llevó a Alejandro de Humboldt a decir: "En los Pirineos, básicamente subo y bajo miles de metros de altura y encuentro la misma vegetación; en cambio en México, cuando asciendo una montaña, cada 100 metros encuentro vegetación diferente".[2]

Somos el cuarto país en especies animales y vegetales, el primero en reptiles, el segundo en mamíferos. Aparte de estas posiciones privilegiadas, y muchas otras más, una gran cantidad de especies son exclusivas de México.

Pero así como somos herederos de una gran riqueza, es notable el proceso de pérdida de estos recursos: la deforestación y la destrucción de espacios de vida, debido a cambios climáticos acelerados nunca vistos antes, según la historia y la biología.

La pérdida de la diversidad biológica es un hecho y es

[1] Las fuentes de estas cifras son diversas, pero se destacan el INEGI, *The Economist Pocket World in Figures 2000* y el *Anuario económico y geopolítico* de AKAL Ediciones, 2000.

[2] Citado por Ezequiel Escurra en sus comentarios sobre recursos naturales de México, Círculo de Estudios México, 2003.

atribuible a razones económicas y culturales, además de físicas. El doctor José Sarukhán reconoce que

esta pérdida de diversidad biológica no es tanto que se desaparezca una orquídea o que se desaparezca una mariposa más o una especie de ave más, sino que cada una de estas especies conforman unidades muy estructuradas, muy importantes, que son la base de la vida en la Tierra, de dar sustento a la vida de la Tierra, y nos producen servicios tan fundamentales como la producción de oxígeno, la captura de CO_2 de la atmósfera, como la captación de agua y su infiltración a acuíferos, a ríos, a lagos, la protección de suelos y la fertilidad. Finalmente, un valor que no es tan económico, pero que tiene una gran repercusión y que es el valor estético de estos ecosistemas.[3]

Esto último ha generado el ecoturismo, que es la actividad que admira la belleza de los bosques, de los lagos, ríos y mares.

La deforestación en México es del orden de las 800 000 hectáreas anuales de selvas y bosques. La deforestación de bosques de pinos ocurre en Chiapas, Oaxaca, el sur de Campeche y Quintana Roo; la destrucción de manglares por contaminación química, en Veracruz, en la zona de Coatzacoalcos, o por extracción de madera y conversión de cultivos que, además, no son sustentables y dañan áreas de importancia para la reproducción de muchas especies marinas y para la anidación de muchos vertebrados.

Todos estos procesos deteriorantes acaban por erosionar la superficie terrestre. Se estima que 65% del territorio está erosionado y perdemos alrededor de 535 millones de toneladas de suelos al año, que terminan en azolvar ríos, presas y lagunas costeras. En consecuencia, producen las

[3] José Sarukhán, "Recursos naturales de México", Círculo de Estudios México, 2003.

catástrofes naturales ocurridas en Veracruz, Chiapas y Puebla; por ejemplo, las lluvias torrenciales que se combinan con enormes deslaves y provocan daños a la infraestructura y pérdida de vidas.

Éste es a grandes rasgos el mapa de la degradación cualitativa y cuantitativa del país que pone en evidencia el fracaso de lo que ha sido un sueño: el desarrollo sustentable.

Otra fuente de pérdida de diversidad ecológica son los incendios, explicables por la quema o conversión de esas zonas a otros tipos de cultivos que no necesariamente son los adecuados.

El capital natural —suelos, agua, flora, fauna— está verdaderamente dañado, afectando otros recursos, como el aire. La razón fundamental de ello es el crecimiento demográfico que se concentra en las ciudades. En la medida que el país se urbaniza, la demanda de esos recursos, así como de energía, es mayor. Pero, éstos, incluso los energéticos, no se renuevan. Los recursos naturales necesitan de su ecosistema para crecer, y los recursos energéticos necesitan ser descubiertos mediante inversiones cuantiosas para que puedan ser explotables.

El deterioro acelerado de nuestro capital natural sólo es analizado por los científicos y técnicos preocupados por el problema. La cuestión es que el deterioro continúa, lo que hace evidente la necesidad de educar y concientizar a toda la sociedad —y de manera especial a toda la clase política— sobre estos peligros. Porque definitivamente estamos matando la gallinita de los huevos de oro.

Políticamente los partidos y los sindicatos no toman ninguna posición en relación con estos asuntos, o sólo lo hacen en el sentido ritual de aprobar lo que surge de las esferas gubernamentales, que son las únicas que tienen iniciativas políticas.

Aun cuando hay una normatividad de protección ecológica, la devastación continúa. Gabriel Quadri de la Torre, destacado experto mexicano en política para el desarrollo sustentable, señala:

> La deforestación o destrucción de los ecosistemas forestales es el proceso de degradación más severo y de consecuencias más vastas sobre la biodiversidad, el clima y los regímenes hidrológicos. A diferencia de otros problemas ecológicos, sus impactos son en buena medida irreversibles, dado que la extinción es para siempre. Su dinámica, sin embargo, dista mucho de ser homogénea regionalmente. Los ecosistemas están siendo destruidos de manera masiva en los países más pobres y atrasados de África, del sur de Asia y en América Latina; las dimensiones del problema son sobrecogedoras, ya que se trata de varias decenas de millones de hectáreas perdidas cada año. México encabeza la lista de naciones cuyos gobiernos e instituciones son incapaces de contener la devastación y de preservar un patrimonio que, claramente, tiene dimensiones de bien público global. En contraste, en los países desarrollados de América del Norte y de Europa, las superficies de bosques se recuperan junto con las poblaciones de numerosas especies de plantas, de mamíferos y de aves que alguna vez tuvieron estatus de amenazadas o en peligro de extinción.[4]

Se confirma la opinión de Indira Gandhi, quien decía: "La pobreza es el mayor contaminante". Esto plantea reconocer que un crecimiento económico alto, sostenido y de calidad permite superar gradualmente el deterioro medioambiental. También un conjunto de medidas, entre otras, la más importante es el respeto al Estado de derecho. La interpretación esquiva permitió, por ejemplo, que entre 1995 y 2002 se indujeran 29 nuevas invasiones en la zona de la biosfera de Montes Azules, Chiapas, acumulando 42 invasiones de 1 300 familias, que han destruido más de 2 500 hectáreas.

[4] Gabriel Quadri de la Torre, "Ideología, desarrollo y medio ambiente", *El Economista*, 13 de febrero de 2004.

Pero lo más grave es que, en vez de que los invasores enfrentaran el peso de la ley, recibieron apoyos y se quedaron en el sitio invadido u obtuvieron nuevas tierras en compensación.

La otra cuestión es considerar el desarrollo sustentable como un asunto de seguridad nacional, en el mismo nivel que la defensa del patrimonio, la identidad nacional y la protección territorial.

Hoy más que nunca tenemos que entender con toda claridad el impacto que tendrán en las generaciones futuras los cambios en el medio ambiente. La democracia política, social, y el respeto a los recursos ecológicos son conceptos entrelazados, si es que no forman parte de un solo concepto. El error que arrastra desde su nacimiento el movimiento ecologista es no haber comprendido que la confrontación sobre los asuntos ecológicos no es sólo una cuestión de técnicas productivas y de actitudes individuales. Al hacerse los recursos naturales más escasos, la confrontación social por la apropiación de la riqueza y el poder se recrudece en el terreno de la naturaleza, en lugar de centrarse en el ámbito de lo político-institucional.

No hay ni habrá solución real a los problemas ecológicos fuera de un contexto plenamente democrático. En la medida en que los contenidos reales de la democracia se sigan deteriorando, no cabe esperar un tratamiento efectivo de la crisis ecológica en un horizonte previsible.

B. AGUA

Los recursos hídricos del país ya tienen una gama peligrosa de problemas. El mayor es su escasez, debido a problemas de insuficiente almacenamiento y a la reducción de su obtención. Ello está generando conflictos entre estados y municipios, una especie de "guerras por el agua". Además crea limitaciones serias a la producción, particularmente a la agropecuaria.

Los recursos existentes se ven afectados por la contaminación química y biológica, la degradación de las cuencas hidrográficas y las inundaciones. La deforestación ha contribuido a la degradación, y el uso indiscriminado de fertilizantes inorgánicos y de plaguicidas, como el DDT, ha fomentado la contaminación.

Algunos ríos se consideran biológicamente muertos, y como no hay suficiente tratamiento de aguas negras, los desechos industriales y agrícolas nocivos fluyen directamente al mar.

Los graves problemas de agua limitan el desarrollo de grandes regiones urbanas, así como de actividades industriales y agropecuarias, la armonía entre los estados de la federación y las relaciones con los Estados Unidos, particularmente con sus estados del sur.

El escurrimiento neto anual de agua en el país (la precipitación pluvial menos lo que regresa a la atmósfera por evapotranspiración) es de 437 000 millones de m³. Con esta disposición total, a cada mexicano le correspondería poco más de 4 000 m³ al año,[5] nivel que se considera como de disponibilidad baja. Hace 20 años se tenían 11 000 m³ por habitante al año, similar a la disposición que actualmente tienen los Estados Unidos, como se advierte en el cuadro III.1. En la actualidad, México dispone de poco más de 30% de la que tenía hace 20 años.

[5] Horacio Lombardo clasifica así el grado de disponibilidad de agua:

Grado de disponibilidad	Disponibilidad m³/hab./año
Escasez extrema	Menor a 1000
Escasez crítica	Entre 1000 y 1700
Baja	Entre 1700 y 5000
Media	Entre 5000 y 10000
Alta	Mayor de 10000

Tomado de Horacio Lombardo, "Infraestructura hidráulica de México", Círculo de Estudios México, p. 219.

CUADRO III.1. *Disponibilidad de agua por habitante por año (m³)*

Canadá	100 000
Estados Unidos	10 000
México	4 000
Israel	330
Libia	150
Egipto	30

FUENTE: CNA, 2000.

Asociado a lo anterior, casi 11 millones de personas carecen del servicio de agua potable, y las inversiones públicas para abastecer a esa población del preciado líquido, del alcantarillado y el saneamiento han bajado sustancialmente. Durante el periodo 1927-1946 se construyeron 136 presas con una capacidad conjunta de 11 160 millones de metros cúbicos, y se formaron 44 distritos de riego en Aguascalientes, Tamaulipas, Hidalgo, Coahuila, Sinaloa y Nuevo León. Entre 1977 y 1982 sólo se construyeron 66 presas con una capacidad de almacenamiento de 8 000 millones de metros cúbicos de agua. La inversión reciente se ha reducido.

En relación con la infraestructura hidráulica que tenemos, Horacio Lombardo señala lo siguiente: "La infraestructura hidroagrícola es muy extensa, pero, por diversos motivos, opera con muy baja eficiencia, lo que provoca un enorme desperdicio de agua. Se requiere tecnificar los sistemas de riego para rescatar los volúmenes de agua perdidos y utilizarlos en actividades de un mayor valor económico".[6]

También la infraestructura que permite dar los servicios de agua potable y alcantarillado es escasa y se encuentra en mal estado por obsolescencia y falta de mantenimiento.

Contribuyen también a los problemas del agua las con-

---

[6] Horacio Lombardo, *op. cit.*, p. 242.

diciones orográficas y la latitud del país, que hacen que la distribución de la precipitación sea irregular. Así, en los estados de Tabasco, Veracruz, Chiapas, Campeche y Quintana Roo, sus habitantes reciben cada año el doble de la precipitación de los residentes de Baja California Norte, Baja California, Coahuila, Durango, Chihuahua, Aguascalientes o Zacatecas. También cabe señalar que 23% de los asentamientos humanos se ubican en ciudades con una altitud superior a los 2 000 metros sobre el nivel del mar, donde sólo se genera 4% del escurrimiento anual y de los cuerpos de almacenamiento. En contraste, únicamente 16% de los habitantes reside en el sureste, que es donde escurre 67% del total nacional de aguas superficiales y se encuentra 80% de los vasos de almacenamiento.

Este enorme desequilibrio ha provocado la sobreexplotación de la mayoría de los mantos acuíferos, así como la contaminación de cuerpos de agua por descargas urbanoindustriales, haciéndolos prácticamente inútiles para usos productivos o para consumo humano.

Pero ello tiene solución. Una medida es eliminar las distorsiones que hay en el mercado, como los subsidios para los diferentes usos de agua; otra es el establecimiento de sistemas de plantas desalinizadoras en los estados norteños costeros del Pacífico y el Golfo de México; el tratamiento integral de las aguas —residuales urbanas, fosas sépticas, usos industriales para hidrocarburos, electricidad y agropecuario— mediante tecnologías de punta. Asimismo, la inversión en más presas en diversos estados, como Morelos, donde ya hay problemas entre municipios y en los cuales, por actos de autoritarismo, se quitó el agua a unos para dársela a otros.

El Banco Mundial ha alertado sobre el deterioro hidráulico y ambiental, que se ha convertido en una restricción a la competitividad de México y de su capacidad para entrar a nuevos mercados y absorber recursos del exterior. El BM señala:

Como miembro del TLC, la OMC y la OCDE, el país está obligado a fortalecer sus normas ambientales y los mecanismos para su cumplimiento. Hay creciente conciencia internacional de que las exportaciones basadas en procesos productivos contaminantes acarrean efectos externos negativos a nivel mundial y constituyen una ventaja competitiva desleal... México tiene críticos y urgentes problemas relacionados con el agua, que incluyen la sobreexplotación y contaminación de mantos acuíferos, tanto en la superficie como subterráneos en las más importantes regiones del país, en términos de población y contribución al producto interno bruto.[7]

La actual pérdida y contaminación de recursos hidráulicos en el país no es sostenible a mediano y largo plazos. La merma de este recurso, junto con la de bosques y la biodiversidad, cuesta cada año, según el Banco Mundial, 67 000 millones de dólares, esto es 10% del PIB del país.

Si no se atiende el problema del agua, se convertirá en un fuerte obstáculo para el desarrollo de la economía, además de que tendrá un irremediable impacto social negativo, al ser abandonadas importantes zonas del país por parte de sus habitantes. Guillermo Guerrero Villalobos, sugiere lo siguiente:[8]

- Mantener el principio básico y fundamental de que las aguas son propiedad de la nación.
- Reforzar la capacidad para que, con la participación de los diferentes actores sociales, se defina, establezca e implemente una política hidráulica nacional con visión estratégica de largo plazo.
- Buscar el equilibrio entre la necesaria descentraliza-

[7] Banco Mundial, *Proyecto de Asistencia a México*, marzo de 2004.
[8] Guillermo Guerrero Villalobos, "El uso sustentable del agua en México", Círculo de Estudios México, 4 de noviembre de 2002.

ción de responsabilidades y funciones y el imperativo de implementar una política hidráulica de carácter nacional.

• Lograr el saneamiento y la autosuficiencia financiera del sector, reforzando simultáneamente la capacidad del sector público federal para estimular el uso sustentable del agua en las diversas regiones del país.

• Propiciar el sano desarrollo de los sistemas de agua y saneamiento urbanos y la tecnología de la agricultura de riego, impulsando el uso eficiente del agua en todas las actividades.

Independientemente de los anteriores lineamientos normativos, hay emergencia en resolver en el corto plazo esta problemática. Con base en ello, se tendrá que considerar la reducción de la demanda actual de agua, mediante un uso racional de la misma, pues no se dispone de recursos económicos suficientes para incrementar su oferta potencial mediante su almacenamiento. Asimismo, es necesario mejorar las instalaciones subterráneas, que son causantes de 40% de la pérdida anual por escurrimiento.

C. Superficie cultivada y cultivable

México se enfrenta ante el desafío de producir y distribuir alimentos para una población grande y en crecimiento continuo. Ya no somos autosuficientes desde el punto de vista alimentario. La solución está en tener incrementos significativos en la productividad por hectárea; de lo contrario, seguiremos siendo importadores netos de alimentos.

De acuerdo con cifras oficiales, el país se encuentra en el límite máximo de la superficie agrícola explotable, pues de los 197 millones de hectáreas que conforman la superficie del país, únicamente entre 27 y 32 millones tienen potencial para esta actividad, y de las cuales sólo cinco millones son aptas para el uso de maquinaria y cuentan con riego.

Las regiones en donde la situación es más severa, pues el agua es más escasa, son el norte y la cuenca de México, si bien el problema del agua se ha generalizado en todo el país. Esto es grave, porque hay rezagos sociales, en particular en las zonas rurales que dependen del sector agropecuario, que no han podido superarse, que se amplían a futuro ante estas perspectivas y que se agravan a causa de los precarios niveles en el ingreso. Así, según cifras de la FAO, más de cinco millones de personas están desnutridas en México. Esto plantea un reto serio en el presente, y más en el futuro, pues es previsible que esa cifra aumente.

Los problemas del sector agrícola son profundos y estructurales, ya que 34% de las explotaciones cuentan con dos hectáreas o menos; prevalecen bajos niveles tecnológicos, débil mecanización y bajos ingresos; es insuficiente la infraestructura, sobre todo en irrigación; además, se registra un alto nivel de erosión del suelo y deforestación. A este panorama se agrega el elevado grado de marginación y pobreza, la emigración, el envejecimiento de la población y una mayor presencia de la mujer como jefe del hogar en las unidades de producción.

Al observar el comportamiento y la participación de la actividad agropecuaria —incluidas la forestal y la pesca en el PIB—, durante largos periodos se advierte que ésta ha venido descendiendo, lo que ahonda los desequilibrios sectoriales, fuente de disparidades de ingreso y pobreza relativa.

A mediano y largo plazos el aumento en el valor de la producción y en el ingreso del productor puede lograrse con objetivos y medidas como las planteadas por Joaquín Piña:[9]

---

[9] Joaquín Piña, "¿Por fin una política de Estado para el sector agrícola?", *Este País*, enero de 2001, p. 53. También se sugiere la lectura de los excelentes estudios de Sergio Reyes Osorio, particularmente un libro

- Incorporar al bienestar a numerosas regiones del país que se encuentran en niveles alarmantes de pobreza.
- Alcanzar competitividad en la producción de granos básicos y oleaginosas, con niveles de producción que aseguren el abasto interno de alimentos.
- Utilización regional adecuada de los recursos productivos conforme a sus condiciones agroecológicas y ventajas competitivas. Es decir, un proceso de reconversión productiva terminal que llegue a la frontera agrícola, ganadera y forestal con eficacia productiva, económica y ambiental.

Asociados a estos objetivos generales es necesario crear un programa de orientación de crédito de la banca con asistencia y atención agrícola generalizada. Canalizar crédito a la agricultura tradicional sin acompañarlo de educación, dirección y supervisión de grupos amplios de agrónomos preparados y dedicados exclusivamente a esa labor sólo ha sido causa de pérdidas inmensas de recursos.

Todo lo que se haga en el campo mexicano que no tenga como base elementos de política como los aquí mencionados, será un desperdicio inmenso de recursos con magros resultados.

D. Capacidad de generación de electricidad y consumo previsto

La capacidad instalada para la generación de energía eléctrica en nuestro país en el año 2000 alcanzó 43 534 megawatts (MW), de los cuales 95% los aportó el Sistema Eléctrico Nacional y 5% empresas privadas autogeneradoras de ener-

reciente: *El sector agropecuario y el TLCAN*, México, Productividad y Operación, 2004.

gía. Esta capacidad es superior a la de Venezuela o Argentina, pero inferior a la de Brasil, que duplica la de México. En relación con nuestros socios comerciales del TLC, la capacidad instalada en México es 19 veces menor que la de los Estados Unidos y casi tres veces inferior que la de Canadá.

Información de la Agencia Internacional de Energía en relación con la demanda mundial de electricidad en 1998 ubica a México en el decimosexto lugar, con un consumo de 157 TWh. El principal consumidor de energía eléctrica en el mundo es Estados Unidos (3 603 TWh), seguido por China (1 115 TWh) y Japón (1 013 TWh).

La estructura del consumo de electricidad entre las naciones industrializadas y en desarrollo del continente americano presenta diferencias importantes. Los países desarrollados emplean más de dos terceras partes del consumo total en los sectores industrial y residencial, mientras que en países como Brasil, México, Argentina, Venezuela y Chile, sus estructuras de consumo de electricidad privilegian el sector industrial por encima de los demás, incluso con consumos de electricidad superiores a 55%. En México, el consumo industrial representa 56%; el residencial, 20%; los servicios, 10%, y otros, 14%. Se advierte con ello que el avance de la industrialización de estos países determina el crecimiento de la demanda, presente y futura, de energía eléctrica.

El consumo de electricidad en México tendrá una tendencia ascendente en la medida que se incremente la actividad productiva y mejore el nivel de vida de la población.

La proyección realizada por la Secretaría de Energía[10] considera un incremento promedio de consumo nacional de 6.3% para el periodo 2000-2010, y estará cubierta por las ventas del sector público y el consumo autoabastecido de los productores particulares.

Las ventas totales de energía eléctrica del servicio públi-

[10] Secretaría de Energía, "Perspectiva del sector eléctrico 2001-2010", México, 2001.

co registraron un crecimiento promedio anual de 5.4% en la década pasada, y se estima que este incremento se mantendrá durante la década en curso. Lo anterior supone que se concretarán los pronósticos acerca del crecimiento en la capacidad y generación por parte tanto de la CFE así como del autoabastecimiento y la cogeneración.

Se estima que la inversión requerida para satisfacer el crecimiento previsto de la demanda de 6% anual para el periodo 2001-2010 es de 676 000 millones de pesos.[11] Esto incluye generación, transmisión, distribución y mantenimiento, así como el pago del capital correspondiente a los proyectos realizados en años anteriores.

Durante el gobierno actual se ha desatado una amplia discusión sobre el origen de los recursos para la inversión en el sector eléctrico. Han salido a flote intereses nacionales y extranjeros que desearían que se privatizaran las empresas estatales productoras de electricidad. Pero también ha surgido la posición contraria, que ha sostenido que la CFE, la empresa pública productora de electricidad más importante, es eficiente, y que el problema de su limitación de recursos para inversión se encuentra en el hecho de que está sujeta a las transferencias que debe hacer a la SHCP sobre las tarifas que cobra a los usuarios, en que no tiene autonomía financiera y en que, por lo tanto, no cuenta con la capacidad de gestión que requiere. En ese marco deberá juzgarse su eficiencia y su forma de operación, así como su desarrollo.

Lo necesario es que la Comisión Federal de Electricidad tenga autonomía de gestión para que opere como empresa y no con las restricciones de las secretarías de Estado, quitarle las limitaciones financieras para que pueda invertir y darle oportunidad de que renueve su tecnología, su equipo, sus plantas, genere capital humano especializado y ten-

[11] Millones de pesos de 2001.

ga independencia operativa. Asociado a ello, es indispensable también una reforma fiscal.

En el Informe de Resultados de la Revisión y Fiscalización de la Cuenta Pública 2002, elaborado por la Auditoría Superior de la Federación, se asegura que la CFE cuenta con capacidad de inversión para financiar sus proyectos de ampliación de infraestructura para generación de energía eléctrica. Durante el periodo 1992-2002, esto es, durante diez años, la inversión de 135 000 millones de pesos efectuada por la empresa se cubrió con recursos propios.

La ASF también señaló que el índice de liquidez de la empresa de 33% de su activo total refleja que dispone de capacidad para endeudarse. Los activos en 2002 fueron tres veces mayores a los pasivos, y su patrimonio continuó siendo dos veces mayor al valor de los pasivos.

La entidad fiscalizadora del Congreso advirtió que, pese a que la CFE cuenta con capacidad para financiar la expansión de la infraestructura eléctrica, por cuestiones de finanzas públicas, la SHCP no le permite invertir sus propios recursos, además de que el presupuesto de la empresa debe ser aprobado por la Cámara de Diputados. Esto explica que la participación de la Comisión en la ampliación de la capacidad instalada haya decrecido en casi 7% durante el periodo 2000-2002, principalmente por la entrada en operación de proyectos de los productores independientes de energía.

Como empresa estatal productora de energía, la CFE está dotada de capacidad para enfrentar los retos de mayores inversiones, pero requiere de que no se le limite esa capacidad. La participación de empresas privadas se considera complementaria.

En una ponencia presentada por José Luis Aburto[12] en el Círculo de Estudios México, éste recomendaba mantener las ventajas fundamentales que tiene la industria eléctrica

---

[12] José Luis Aburto, "La industria eléctrica durante la encrucijada del cambio", Círculo de Estudios México, 2003.

de México, por su importancia y modernización realizada, en los siguientes términos:

a) La red de transmisión unificada en su régimen de propiedad, planificación, operación y mantenimiento.

b) La regulación de la industria eléctrica a nivel federal, con líneas de autoridad y responsabilidad claras.

c) Las atribuciones que tiene el gobierno federal para dictar medidas de emergencia y controlar variables claves en los sistemas eléctricos en situaciones que lo ameriten.

d) La capacidad de respuesta de las empresas estatales para hacer frente a situaciones de emergencia en el país.

En cuanto a la posibilidad de una reforma de la industria eléctrica que legitime y propicie la inversión privada, recomienda:

a) Definir un marco jurídico congruente, claro, predecible, que, preservando el control de la industria en manos del Estado, aliente la inversión pública y privada, sin que esta última requiera de garantías por parte del gobierno.

b) Definir con claridad las atribuciones y obligaciones de cada una de las instituciones encargadas de la política, la regulación y la operación de la industria, y los ámbitos de competencia de cada participante.

Una cuestión económica relevante es que, siendo el crecimiento industrial la única base sobre la cual puede desarrollarse el crecimiento económico en países como México, poco dotados de recursos agropecuarios de buen rendimiento en el nivel de empleo y de ingreso, la energía eléctrica que el país suministra debe ser suficientemente barata y

competitiva para que la industria moderna, altamente consumidora, cuente con esta base para competir. Ello propi-
ciará que, además, si esta política es permanente, lleguen
inversores industriales del exterior y aumente la inversión
mexicana al nivel anual que el país requiere.

E. Un recurso de importancia mundial: el petróleo

El petróleo es una de las piedras angulares del sistema económico mundial y determina a largo plazo las relaciones de
fuerza entre las potencias mundiales. El país que detente el
control de la producción, la comercialización y los precios
de este energético tendrá el poder en la economía mundial.
Por eso no es producto del azar que los Estados Unidos
sean el eje de todas las redes de dominación que definen el
destino del petróleo desde la segunda Guerra Mundial. La
explicación de todo ello se encuentra en el hecho de que el
petróleo y sus derivados son insumos muy importantes
para el funcionamiento de la economía mundial.

No hay mercado más global que el petrolero, un bien
fácil de embarcar y disperso en todo el mundo. Los cambios
en la oferta o en la demanda envían ondas en todo el mundo con efectos inmediatos, aunque también están vinculados a factores geopolíticos. Los sauditas son los principales
productores, con 25% de las reservas mundiales. Los estadunidenses son los principales consumidores, con un consumo de alrededor de 30% del petróleo disponible en el mercado cada día. Con esto soporta —aunque no es la única
explicación— la creación de 30% del PIB mundial, y obtiene
un superávit de poder en el mundo. Esto explica el interés
común de ambas naciones, reconocido cuando el presidente Franklin D. Roosevelt y Abdelaziz Ibn Saud, el patriarca
que dio nombre a la nación, se reunieron en el Gran Lago
Amargo en 1945 y establecieron una afinidad estratégica

que todos los presidentes estadunidenses posteriores han seguido exitosamente.

En los sauditas está el manejo del problema del petróleo, por su protagonismo como la figura central del oligopolio. Recordemos que, un día después del 11 de septiembre, decidieron ignorar las cuotas de la OPEC, y durante las siguientes dos semanas embarcaron 500 000 barriles adicionales de petróleo diario a los Estados Unidos. Con ello, el costo del petróleo por barril bajó de 28 a 20 dólares.

Arabia Saudita no sólo tiene mucho petróleo, sino que le resulta muy barato extraerlo: dos dólares el barril; en los Estados Unidos cuesta dos veces más, y en Rusia, tres veces más.

Arabia Saudita ejerce un liderazgo dentro de la OPEC. Pero el precio de petróleo se fija finalmente con base en dos intereses que se empatan: a los Estados Unidos les preocupa la seguridad de la oferta, y a la OPEC, la seguridad de la demanda. A esto se agrega la inseguridad en el Medio Oriente.

La principal explicación de esta tragedia reside en el seno de un sistema económico mundial centrado enteramente alrededor del petróleo. Las reservas conocidas se concentran principalmente en el Medio Oriente (65% de las reservas mundiales). El petróleo representa hoy 40% del consumo total de energía en el mundo, y durante los próximos 30 años seguirá siendo la primera fuente de energía primaria. Después deberá ser gradualmente reemplazado, tras el agotamiento de las reservas, por el gas, cuyos yacimientos deberán seguir dando al mundo árabe, sobre todo a Libia, Marruecos, Argelia, Túnez y a Asia Central, una importancia estratégica. Los expertos están de acuerdo en afirmar que la demanda mundial de petróleo deberá aumentar 50% en el transcurso de los próximos 20 años. El crecimiento de la demanda asiática será especialmente importante, debido al hecho de que ahora su consumo representa un tercio del consumo total, y se elevará a 60% de aquí a 30 años. La llegada de China a la competencia mundial modificará y acentuará la explotación intensiva de petróleo. Las consecuencias medioambientales y financieras de la integración de China en el sistema mundial ya están en la mira de las potencias mundiales.

Aunque las reservas no pueden definirse de manera precisa, porque dependen al mismo tiempo del nivel de los precios del barril, que permite o no la explotación de yacimientos caros, así como los avances tecnológicos, se ha establecido que la demanda mundial podrá ser satisfecha cuantitativamente durante los próximos 20 años. Pero el verdadero problema será el costo para satisfacer esa demanda, ya que aumentar la producción implica inversiones muy elevadas. Y ahí también el Medio Oriente desempeña un papel central: sus reservas son las más importantes, y los costos de producción los más bajos.

La confusión entre el alza de la demanda mundial, el peso preponderante del petróleo en el crecimiento económico y los yacimientos importantes en el Medio Oriente hacen de esa región la meta de todas las codicias en los próximos 30 años. Por ello, su control representa un interés crucial para los Estados Unidos. Paralelamente, su propia producción no cesa de disminuir: 15% menos entre 1999 y 2000. También se niega a emprender una estrategia de diversificación de sus fuentes de energía. Relevante es su rechazo al Protocolo de Kyoto, acuerdo internacional que pretende reducir las emisiones de gases de efecto invernadero.

Éste es a grandes rasgos el contexto político, económico y social del petróleo. En un documento clave, previo al atentado contra las torres gemelas de Nueva York el 11 de septiembre del 2001, denominado "Retos estratégicos para la política energética del siglo XXI",[13] se dejan claros dos

---

[13] James Baker, Institute for Public Policy, Rice University, USA, 2001.

puntos. El primero es que Irak es esencial para el suministro de petróleo a los Estados Unidos desde el Medio Oriente, ya que alberga las segundas mayores reservas del mundo. El segundo es que el vecino país del norte necesitaba un
nuevo régimen en Irak para su seguridad energética. La
democracia no es mencionada en ninguna parte del documento.

En esencia, el mercado mundial del petróleo se concentra en los pocos países que forman la OPEP y que constituyen la mayor parte de la oferta. Los consumidores, los países desarrollados, son casi todos deficitarios. El petróleo se
transporta a través de grandes distancias, es uno de los principales productos del mercado mundial y se cotiza de manera especulativa en los mercados con vistas hacia el futuro.
Esta situación origina precios erráticos que, a su vez, tienen
influencia en la economía mundial,[14] la generación de rentas petroleras significativas, el conflicto por esas rentas, el
control de las reservas de hidrocarburos. Es un bien estra-
tégico y geopolíticamente clave en las relaciones internacionales. Precisamente por ello menciono un grafito colombia-
no: "El petróleo es una sustancia físicamente líquida,
químicamente inflamable y políticamente explosiva". Pero
la gran crisis todavía no ha llegado; se dará cuando llegue-
mos a los límites geológicos de la producción de petróleo.

México tiene entre sus recursos más valiosos el petróleo. Internamente el sector de hidrocarburos aporta 35% de

---

[14] Robert Mabro, presidente del Oxford Institute for Energy Studies,
menciona que "Algunos operadores trabajan con una visión de más largo
plazo que otros. Los que prestan atención a un periodo de seis meses
toman en cuenta varios factores. Por supuesto, Irak: existen temores de
que la insurgencia iraquí pueda destruir las instalaciones petroleras; Arabia Saudita y una posible interrupción en los flujos de crudo; el fuerte
incremento de la demanda de China, país en el que durante sólo un trimestre la demanda puede incrementarse en un millón de barriles al día; la preocupación de la OPEC que se interpreta casi siempre de manera incorrecta,
en términos de precios". Tomado de *El País*, 1° de noviembre de 2004.

los ingresos del gobierno, 15% de las exportaciones del país y 81% de la oferta de energía. Esto significa que constituye un soporte fundamental de las finanzas públicas, de la balanza comercial y de la estructura y el funcionamiento de la economía del país. Internacionalmente, México es el décimo exportador mundial, y su destino comercial son los Estados Unidos, que absorben 85% de las exportaciones mexicanas de petróleo.

A pesar de que nuestro país es un productor y exportador importante de crudo, es importador de refinados. Las importaciones, en especial de gasolina, se han convertido en un componente esencial del suministro al mercado interno, lo que determina a futuro que la industria de refinación se expanda para cubrir la demanda del mercado interno. La Secretaria de Energía reconoce:

> Ante esta situación, la inversión oportuna es un factor decisivo para elevar la cobertura y calidad de los petrolíferos. Los requerimientos de inversión para satisfacer la demanda en los próximos diez años será aproximadamente de 150 000 millones de pesos, con los cuales, y con la construcción inmediata de un nuevo tren de refinación para el 2006, se podrá abatir en el mediano plazo el déficit que actualmente se presenta. De lo contrario, la balanza comercial continuará siendo negativa.[15]

La Agencia Internacional de Energía, organismo de la OCDE, nos advertía de riesgos al señalar, en 2002, que si se mantenían las tendencias en materia de prospección, explotación, transformación y comercialización de hidrocarburos, es decir, ritmo lento e inseguro, México se convertiría en menos de tres décadas en importador neto de petróleo, debido al crecimiento de la demanda interna y al agotamiento o declinación de los principales yacimientos petrolí-

---

[15] Secretaría de Energía, "Perspectivas de petrolíferos 2002-2011", 2002, p. 13.

feros nacionales. También la misma Agencia Internacional de Energía advertía sobre la insuficiencia de inversiones: "En caso de que estas inversiones no se realicen, la producción mexicana de petróleo crudo puede llegar a reducirse en una tercera parte. Debido a otros requerimientos económicos y a presiones sociales, el sector público no contará con los fondos necesarios para llevar a cabo dichas inversiones".[16]

A mediados de julio de 2004, *The Economist*[17] publicó la estimación de las reservas de petróleo en países productores, y su fuente fue la *BP Statistical Review of World Energy* (Estadísticas sobre la Energía Mundial, British Petroleum), en la que se revela que nuestras reservas probadas sólo alcanzarán para 12 años más de producción, y las reservas probables, para 20 años. En cambio, Arabia Saudita tiene reservas para 73 años; Irán, para 93 años; Irak, Unión de Emiratos Árabes y Kuwait, para más de 100 años cada uno.

Esta cuestión es relevante, porque el petróleo se nos está acabando y, en la medida en que el gobierno siga explotando y exportando petróleo crudo y financiándose con los ingresos resultantes, la riqueza petrolera no se traducirá en riqueza para el país o para el sector de los hidrocarburos. El crudo genera riqueza donde se integra a procesos productivos, no donde se extrae. Pero, además, no se fortalece la empresa, lo que se advierte con la falta de inversiones para elevar las reservas. Asimismo, sus recursos, que podrían canalizarse a su propia inversión, terminan por financiar el gasto público.

México no puede permitirse dilapidar sus recursos petrolíferos, que no son renovables, y convertirse en importador de hidrocarburos. El reto, por tanto, está en realizar su modernización para refinar crudos.

[16] Agencia Internacional de Energía (AIE), *Mexico. Energy Look*, 2002.
[17] *The Economist*, 17 de julio de 2004.

La empresa tiene un programa de inversiones a largo plazo tendiente a refinar el crudo pesado, con lo cual su participación en el volumen total procesado se incrementaría casi dos veces, al pasar de 333 mbd en 2002 a 995 mbd en 2011.

Del Programa de Inversiones de Pemex Refinación para el periodo 2002-2010, sobresalen las actividades orientadas a elevar la calidad y oferta de los combustibles y el mantenimiento de las refinerías y del equipo asociado.

Pero los rezagos que enfrenta Pemex no sólo requieren de inversiones. Esto simplificaría las cosas. No, Pemex necesita de una transformación como empresa y el apoyo estatal para su funcionamiento. Es urgente recuperar la salud financiera y su capacidad para crecer y modernizarse. ¿Cuáles podrían ser los lineamientos para que ello sea posible? A continuación presento algunos de ellos.

a) Liberar gradualmente parte de los recursos de Pemex que ahora transfiere al gobierno federal, para realizar su programa de inversión. De esta manera el financiamiento de su inversión sería con base en sus propios recursos.

b) Incrementos en productividad y capacitación de los recursos humanos, eliminando personal redundante.

c) Suprimir la excesiva normatividad, que hace que la empresa caiga en subejercicios. En 2002, la inversión realizada sólo representó 65% de los recursos presupuestales. Esto es lamentable, porque además de tener un magro programa de inversiones, éste se realizó sólo parcialmente. De este modo, la falta de inversión limitó a Pemex el desarrollo de nuevos recursos de gas natural, lo que lo sitúa en una posición vulnerable frente a los Estados Unidos, debido a la creciente dependencia de las importaciones. La vulnerabilidad de México en materia de gas ha aumentado y es previsible que seguirá creciendo.

d) La política energética debe estar orientada a la integración del sector, por lo que es necesario asociar la operación de Pemex y la de la CFE, ya que un sector necesita del otro para funcionar. Esto no quiere decir fusión de empresas.

e) Acrecentar la producción de gas natural, ya que la demanda supera a la oferta.

f) Un organismo público como Pemex no debería estar sujeto a las restricciones presupuestales y burocráticas. Es apremiante, por ello, su autonomía de gestión en dos vertientes: autonomía financiera y de gestión administrativa. Esto tampoco significa abandono. Pemex es parte del país y tiene que estar bajo el control de su gobierno.

El petróleo y Pemex constituyen un asunto político de la mayor relevancia; forman, junto con el sector eléctrico, la base energética del país y de su desarrollo económico. El petróleo es fuente de divisas, la más importante. Es también el que ofrece más ingresos al gobierno federal en un régimen fiscal que limita su expansión productiva con recursos propios. Esto explica el hecho financiero de que sea una empresa rentable, pero con pérdidas. Paralelamente, en el gobierno actual la empresa diseñó los contratos de servicios múltiples que, en opinión del Senado de la República, son ilegales y buscan entregar la riqueza del petróleo a manos extranjeras. Por ello el Senado vetó la reforma que los legitimaba por considerarla inconstitucional. También en la empresa hay problemas con su excesiva fuerza de trabajo, manejada por un sindicato que se ha caracterizado por controvertidas prácticas en todos los niveles. Todo esto significa definir el desarrollo de Pemex con base en importantes decisiones políticas, como un asunto de Estado, con la participación de los tres poderes de la Unión.

F. EL GAS NATURAL

México se encuentra en la posición número 17 en el rubro de reservas probadas mundiales de gas natural seco, y en la posición 13 en cuanto a su consumo mundial.

Durante la última década, el consumo de gas natural en todo el mundo presentó un crecimiento promedio anual de 1.8%, superior al crecimiento de la energía primaria total de 1.5%. Esto se debe a que el gas natural se ha convertido en la opción predilecta para generar electricidad, explicable por su eficiencia en las turbinas de ciclo combinado y su combustión limpia.

Fuentes internacionales de información estiman que, a nivel global, para el periodo 2000-2015 el gas natural pasará de ser el tercero en importancia en la estructura global del consumo de energía primaria al segundo lugar, después del petróleo, pues se calcula que el aumento de la demanda alcanzará una tasa anual de 3.2%, en tanto que la del petróleo será de 2.2%, y 1.8% la del carbón.

En el periodo 1993-2000, el consumo de gas natural en nuestro país alcanzó una tasa de crecimiento de 4.6%, mientras que el gas LP registró un aumento de 3.4%, y el combustóleo, de 2.8% anual. Este dinamismo obedece a los cambios tecnológicos llevados a cabo por el sector eléctrico.

La oferta interna de gas natural ha crecido, pero no lo suficiente. Si bien abastece 90% del consumo interno, las importaciones cubren el 10% restante. Se estima[18] que en los próximos diez años la demanda nacional anual de gas natural se incrementará 7.4%, al pasar de 4 358 mmpcd (millones de pies cúbicos diarios) en el año 2001, a 8 883 mmpcd en 2011; será el sector eléctrico el que en gran medida determine este incremento, ya que absorberá 60% del consumo en el 2011,

[18] Secretaría de Energía, "Perspectiva del mercado de gas natural 2002-2011", México, 2002.

contra 48% que absorbió en 2001, sin considerar el sector petrolero. Los otros requerimientos se ubican en el sector industrial, el residencial, el de servicios y el autotransporte.

A escala local, la región Sur-Sureste será la mayor consumidora de gas natural, representando 40% del consumo nacional. En segundo lugar estará la región Noreste, con 29%, atribuible al sector eléctrico y al sector industrial, lo que suma 69% de la demanda total. Las otras regiones del país (Centro Occidente, Centro y Noroeste) absorberán el resto.

De acuerdo con la Secretaría de Energía, para hacer frente a esta demanda, en el periodo 2002-2011 el país necesitará una inversión de 83 000 millones de pesos anuales. De esta manera, la producción promedio de gas se incrementaría a una tasa promedio anual de 5%, con un nivel máximo de 8 000 mmpcd en 2010, satisfaciendo con ello 90% de la demanda. En 2001, con una producción de 3 375 millones de pies cúbicos diarios, ocupamos la posición número 14 dentro de la producción mundial.

Apostar a la inversión en gas natural significa atender la mayor demanda que se advierte en México desde el año 2000, la cual se ha cubierto con volúmenes crecientes de importación de los Estados Unidos, país deficitario de este energético y que, a su vez, importa principalmente de Canadá. También han aumentado nuestras importaciones de gas licuado, proveniente de países tan diversos como Trinidad y Tobago, Argelia, Nigeria, Qatar, Omán y Australia. En el mediano plazo, los Estados Unidos dependerán más del gas importado, ya que su requerimiento representa 30% de la demanda mundial, pero sólo posee 5% de las reservas.

En México se requiere mayor exploración en gas natural, pues las reservas probadas son insuficientes para soportar la demanda. A partir de 1995 el gobierno impulsó el desarrollo de la electricidad por medio del gas natural. En lo que se refiere a plantas nuevas, esta decisión estuvo sostenida en la ventaja comparativa de la tecnología de ciclo combinado a gas natural, y en lo que se refiere a las ya existentes, se apoyó en la política ambiental, que dispuso la sustitución del combustóleo por gas natural en las plantas ubicadas en las llamadas zonas críticas.

Si bien es cierto que la tecnología de ciclo combinado a gas natural es la más económica en muchas circunstancias, Francisco Rojas, ex director general de Pemex, advierte: "La política consistente en estimular el crecimiento de la demanda de gas sin, al mismo tiempo, incrementar la oferta es una política incongruente y riesgosa. Un elemento fundamental de la política energética es la seguridad de suministro; actualmente, México no cuenta con la seguridad de suministro de gas natural".[19]

La vulnerabilidad del país en relación con el gas natural y su forma de explotación desafortunadamente continuará, pues los proyectos eléctricos que incrementan su demanda ya están en construcción, pero la capacidad de Pemex para aumentar la oferta aún se halla rezagada. Esta dicotomía hace necesaria la integración de los programas de Pemex y la CFE, ya que se trata de instituciones con una relación complementaria.

Puesto que las reservas probadas de gas están vinculadas a las del petróleo, las condiciones del mercado mundial del energético son las que determinan su ritmo de extracción. De manera paralela, las reservas de gas no asociado son insuficientes para hacer frente al aumento en la demanda.

La dependencia de los energéticos, específicamente del gas natural, puede ocasionar hechos negativos contingentes, como el ocurrido en 2001, cuando los Estados Unidos tuvieron una demanda extraordinaria de gas natural, a causa de los severos fríos, y pagaron tres veces más a Canadá por su abastecimiento.

La experiencia de México advierte que el gas natural es

[19] Francisco Rojas Gutiérrez, "El petróleo y el gas en México", Círculo de Estudios México, 2 de diciembre de 2002, p. 15.

valioso, pero hay otras fuentes de energía que no deben subestimarse, como el combustóleo y el coque de petróleo, producido en Ciudad Madero y que se acumula sin ser aprovechado. Actualmente, con la transformación de la refinería de Cadereyta, serán empresas del sector privado las que se beneficien utilizando el coque que allí se produce para generar electricidad.

Francisco Rojas advierte también sobre la necesidad de una mayor racionalidad de política en relación con los energéticos para la industria eléctrica:

> El programa de modernización de las refinerías se ha guiado por el interés de máxima rentabilidad económica sin tomar en cuenta los riesgos para el país. La destrucción sistemática del combustóleo nacional está conduciendo a una sobreproducción del gas natural en electricidad y en la industria en general. Lo que puede ser una estrategia empresarial óptima no necesariamente coincide con la mejor estrategia nacional. Es necesario diversificar la producción y el uso de energéticos, así como las tecnologías para transformarlas y utilizarlas… Por ello, la necesidad de construir una política energética integral por la enorme dependencia del sector eléctrico del hidrocarburo. Abordar por separado la planeación de estas dos industrias estratégicas para la nación es absurdo. Su modernización, regulación, operación y visión hacia el futuro deben comprender las necesidades y potencialidades de los dos sectores.[20]

Es evidente que, dentro de la gama de energéticos derivados del petróleo, no es conveniente apostar por un solo producto, en nuestro caso, el gas natural, de grandes ventajas; sino que se hace necesario manejar todas las opciones tecnológicas asociadas de las disponibilidades que México tiene en energéticos. Una de ellas es la de los recursos reno-

---

[20] Francisco Rojas Gutiérrez, art. cit., p. 17.

vables. Un estudio realizado por el National Renewable Energy Laboratory (NREL), del Departamento de Energía de los Estados Unidos, señala que México dispone, sólo en Oaxaca, de un potencial de viento que podría producir más de 30 000 megavatios, esto es, 65% de la actual capacidad instalada en el país. Lo mismo sucede en Baja California, con un potencial magnífico, según se anota en dicho estudio. Explotar estas fuentes potenciales de energía significaría desarrollar la energía renovable en el país.

Éste es uno de los asuntos de Estado más importantes del país e implica una reorganización de la política en materia de energéticos. Lo ideal sería alternar el uso de combustibles fósiles, como carbón, petróleo y gas, con las energías renovables. Otro problema con los combustibles fósiles es que su uso está provocando cambios climáticos en el mundo, con efectos negativos y un gran riesgo de seguridad.

G. Petroquímica: una potencialidad en espera de inversión

Actualmente la capacidad instalada para la producción de petroquímicos es de casi ocho millones de toneladas anuales. Se tienen proyectos de ejecución con inversiones para elevar aún más la capacidad productiva, todavía insuficiente para satisfacer la demanda. El país cuenta con el insumo básico: el petróleo crudo y el gas natural (mundialmente participamos con 4.6% de la producción de crudo, 1.8% de gas natural y 0.9% de petroquímicos), pero hace falta inversión, pues, a pesar de contar con los insumos, el país es importador de estos productos debido a su insuficiente producción. En la década pasada la producción de petroquímicos pasó de 1 600 000 toneladas al mes, en promedio, a sólo 849 000 toneladas mensuales en el primer trimestre de 2004, es decir, una baja mensual de casi 50 por ciento.

Este retroceso ha sido constante, a pesar de que en 1992 se dio la primera apertura de este sector, al reclasificar la lista de petroquímicos, cuya producción estaba restringida a Pemex. En ese año, de 34 petroquímicos básicos sólo quedó un grupo de ocho: butano, etano, heptano, hexano, materia prima para negro de humo, naftas, pentanos y propano. La producción de los otros quedó abierta a empresas privadas, pero ésta no se estimuló. Esta omisión es grave, porque un barril de petróleo transformado en petroquímicos alcanza un valor 30 veces superior al crudo, es decir, más de 900 dólares.[21] La potencialidad de transformación del petróleo crudo y el gas natural en petroquímicos es enorme; eliminaría nuestra dependencia y el desperdicio de recursos, al generar 2 200 empleos por barril de petroquímicos en todas sus etapas de producción, distribución y consumo, en tanto que por cada barril de crudo sólo se crean tres fuentes de trabajo. Además, los productos petroquímicos tienen presencia en más de 200 ramas de actividad industrial que se desarrollan en la economía mexicana, y proveen de materias primas al sector agrícola.

La mayor parte del mercado nacional está controlada por 10 empresas, entre las que figura Pemex. Éstas son Alpek, con 8% del mercado; Pemex-Petroquímica, con 7%; Du Pont de México, con 5%; Desc/Girsa y Cydsa, con 4% cada una, y Celanese, Idesa y Primes, con 2% cada una. Otras más acumulan 11 por ciento.

El valor del mercado en el año 2001 era de casi 19 000 millones de dólares, y la mitad correspondía a importaciones. Con esto se hace evidente el atraso de la industria petroquímica del país. Por lo pronto, lo único que se advierte es el compromiso de aportar, por parte de Pemex, 45 millones de dólares en la ampliación de la capacidad instalada en la refinería Deer Park, una coinversión que Pemex esta-

[21] Sobre la base del precio de la mezcla mexicana de 30 dólares el 15 de octubre de 2004.

bleció desde 1991 con la empresa transnacional Shell Oil en Texas. Este proyecto implicó la ampliación en 21% de esa refinería; así, la capacidad de refinación pasará de 280 000 a 340 000 barriles diarios. Pero aún es poco. También existe el proyecto "El Fénix", que lamentablemente fue suspendido a mediados de 2005, reconsiderándose su inversión a la mitad de lo que originalmente se había planeado. Lo más probable es que no se realice en el tiempo que falta para concluir este gobierno.

La petroquímica es fundamental para la vida moderna, ya que con sus productos se elaboran más de 100 000 artículos diarios de plásticos, fibras, hules, fármacos, refrigerantes, cosméticos, alimentos, fertilizantes, ropa, selladores, impermeabilizantes, autopartes y aditivos, entre otros.

Se necesitan realizar inversiones en el sector petroquímico para aprovechar la renta petrolera que queda fuera. Paradójicamente, entre 2000 y 2001 la industria petroquímica privada mexicana informó sobre una disminución en su nivel de inversión, originada por la subutilización de la capacidad productiva, debida a la menor demanda interna y externa.[22] Esto advierte que la sustitución de importaciones no se da en los productos en los que somos deficitarios; pero igual comportamiento se advierte en la inversión de la industria petroquímica pública. En consecuencia, las exportaciones son escasas y las importaciones crecientes.

H. Nuestra infraestructura

La infraestructura del país es ya una limitante en la competitividad; a ella se agregan las diversas crisis económicas que han frenado la canalización de recursos para su expansión y para apoyar por esta vía el desempeño de las actividas-

---

[22] Secretaría de Energía, , "Estadísticas, petroquímica, 2001", *Anuario*, México, 2002.

des industriales, comerciales y de servicios. De haberse realizado, la potencialidad del crecimiento económico sería mayor.

El World Economic Forum[23] define la *competitividad*
como la habilidad de un país para mantener elevadas tasas
de crecimiento económico. En su estudio anual sobre competitividad mundial, precisa las diferencias y los avances.
Importante es su medición comparativa en materia de infraestructura, considerada como uno de los factores esenciales del desarrollo económico y social.

En 2003, se ubicaba a México en materia de competitividad en la posición 45, pero en infraestructura su lugar era
el 58, perdiendo la posición 54 que tenía en el año 2002.
Asimismo, algunos países como Malasia, Argentina, Brasil
y Chile mostraban un mayor desarrollo en su infraestructura que México (en el cuadro III.2. se advierten las diferencias).
Los países que están en una situación excepcionalmente
buena son Singapur, los Estados Unidos, Canadá y Francia.

En carreteras, México ocupa el lugar 53; Francia, Hong
Kong, Italia, Reino Unido y Singapur ocupan la primera posición. En nuestro país únicamente 33% de las carreteras
están pavimentadas.

Una evaluación de nuestro desempeño en este sector se
puede sintetizar en los siguientes términos: en 1988 las carreteras eran operadas por el gobierno a través de la SCT, y
sumaban 238 000 kilómetros; entre 1989 y 1994 se pusieron
en operación 6 332 kilómetros de autopistas; la inversión
para el periodo 1989-1994 en autopistas fue de 50 000 millones de pesos, incluida la participación privada, y se otorga-
ron 52 concesiones a la iniciativa privada para la construcción y operación de 40 supercarreteras; en 1997 se declaró el
rescate fiscal de 23 concesiones carreteras a empresas privadas; en 1998 Capufe toma la administración de las 23 carreteras rescatadas; durante la administración del presidente

---

[23] Organización que analiza la economía mundial mediante el estudio
crítico de líderes políticos y empresarios. La integran 80 países.

CUADRO III.2. *Competitividad en infraestructura, 2003*

País	Infraestructura general	Carreteras pavimentadas	Vías férreas	Transporte aéreo	Puertos	Líneas telefónicas
Argentina	46	55	49	53	45	43
Brasil	45	74	53	34	50	36
Canadá	8	n.d.	12	10	8	10
Chile	40	66	63	22	37	14
Colombia	65	68	71	51	69	50
Corea	21	30	13	19	22	24
Estados Unidos	5	37	22	2	6	8
España	25	12	23	29	29	35
Francia	10	1	3	15	15	16
Hong Kong	14	1	8	3	2	4
Italia	35	1	36	39	41	42
Malasia	20	28	17	14	16	39
México	58	53	61	46	59	59
Reino Unido	18	1	30	6	19	18
Singapur	4	1	9	1	1	6
Tailandia	29	13	39	32	35	28
Taiwán	23	n.d.	14	23	20	21
Venezuela	68	52	80	59	72	53

n.d.: datos no disponibles.

FUENTE: World Economic Forum, tomado de *El Economista*, abril de 2004.

Zedillo, se agregaron 3 000 kilómetros de carreteras y se modernizaron otros 6 000 kilómetros.

En vías férreas, nuestro país ocupa el lugar número 61. En los últimos 22 años no se han construido nuevas rutas: en 2003, se contaba con 26 477 kilómetros, nivel muy bajo si consideramos que durante el Porfiriato se construyeron 21 000 kilómetros.

En transporte aéreo ocupamos la posición 46; de no realizarse inversiones en infraestructura aeroportuaria, la demanda rebasará por mucho la capacidad probada.

En puertos, ocupamos el lugar 59; sólo Colombia y Venezuela están peor que nosotros. El volumen de tonelaje manejado en los principales puertos del país dista mucho de la capacidad de los puertos internacionales. En 2003 había 54 puertos, de los cuales 53 eran del gobierno.

En líneas telefónicas tenemos el lugar 59. La teledensidad en México es la más baja de los países miembros de la OCDE; además, existe una gran disparidad regional y altos costos en los servicios.

En 1997, el gobierno cede 75% de participación de satélites mexicanos (Satmex) a las empresas del Grupo Autrey y Loral Space and Communications Ltd.; se abre la competencia en telefonía y entran Alestra, Avantel, Protel y Marcatel, entre otras. La apertura se da también en otros servicios de telecomunicaciones; en telefonía celular participan Telcel, Iusacell, Pegaso (que luego adquirió Telefonía Movistar) y Unefon. En radiolocalización toman parte Biper, SkyTel, Radio Beep, Infobip y otros más. También se abre la participación en radiolocalización de flotillas con la entrada de Nextel, Electra, Radio Beep, Deltacom y Servicios Troncalizados. En 2001, Televisa, GE American y Panamsat-Pegaso reciben concesiones para explotar servicios satelitales y se suman a Satmex.

Para superar las deficiencias que tenemos en nuestra infraestructura, asociada sólo a la industria de la construcción, se requieren inversiones cuantiosas. A continuación se ofrece un análisis interesante de prospectiva realizado por el ingeniero Daniel Díaz Díaz, ex secretario de Comunicaciones y Obras Públicas, en el que plantea una visión deseable para las próximas tres décadas:

Una red carretera con enlaces transversales y longitudinales concluidos en su totalidad, suficientes y eficientes, que conectaran a todas las regiones y poblaciones; un sistema de casi 450 000 kilómetros de longitud, de los cuales 25 000 serían autopistas, contra los 365 000 de la red nacional y los 6 000 de supercarreteras, sobre los que transitarían 45 millones de automotores.

Un sistema ferroviario nacional modernizado que habría retomado una parte significativa del total del transporte, tanto de carga como de pasajeros, y que atendiera no sólo el ámbito de los recorridos suburbanos —que pareciera ser su vocación natural—, sino que cubriera los trayectos de medianas y largas distancias, en franca competencia con la aviación.

El vanguardista esfuerzo de los puertos industriales de los años setenta del siglo pasado se habría reactivado para el 2025, y en dos puertos del Golfo y tres del Pacífico, por lo menos, estaría en marcha una intensa actividad marítimo-portuaria-industrial de primer orden, orientada en el Atlántico hacia la Comunidad Europea y, por fin, al incipiente desarrollo de África; en el otro océano, hacia la muy avanzada Cuenca del Pacífico.

Vislumbraríamos también nuevos e importantes polos de desarrollo en nuestras regiones fronterizas, donde la planta industrial que fue maquiladora se habría transformado en grandes plataformas de intercambio tecnológico, que al valor agregado de sus productos añadiría las facilidades de un sistema de transporte multimodal debidamente articulado, el que permitiría abastecer, desde nuestras fronteras, cualquier punto del mundo.

Un sistema de transporte aéreo de cobertura total en una sana combinación de la aviación troncal y regional que atendería a 100 millones de pasajeros, en comparación con los 45 millones actuales, sustentado en una vasta red de terminales aéreas medianas y pequeñas en todo el territorio.

Desde luego, todo ello es posible, y lograrlo requiere mucho talento, consensos y recursos, principalmente económicos. Pero no muchos más de los que México aplicó entre 1925 y 1950, o entre 1950 y 1975, cuando el país multiplicó varias veces el desarrollo de su infraestructura frente a la creciente población, y cuando muchas limitaciones obstaculizaban el progreso: no ejercíamos, como ahora, una soberanía plena sobre nuestros recursos naturales; el sistema financiero era incipiente e insuficiente; la planta de profesionales era escasa; las empresas mexicanas de construcción prácticamente no existían. A pesar de estas carencias, los mexicanos de ayer y de hoy supieron superar los retos y construyeron la Nación que actualmente tenemos.

La experiencia, a través de los siglos, es contundente: toda obra de infraestructura es productiva y no sólo sufraga sus costos, sino que detona economías externas y facilita la producción de bienes y servicios, acciones y procesos, mismos que elevan las condiciones de vida de la población.[24]

I. Recursos minero-metalúrgicos

México es rico en minerales, y desde tiempos prehispánicos la metalurgia constituye una actividad destacada.

Entre los minerales más representativos que se obtienen del subsuelo sobresalen oro, plata, plomo, zinc, cobre, cadmio, bismuto, carbón, magnesio, hierro, grafito, azufre, fluorita y butano, entre otros. Se destaca la producción de

[24] Daniel Díaz Díaz, "La infraestructura en México. Transporte", Círculo de Estudios México, 7 de octubre de 2002.

plata, que ubica a México como el principal productor mundial, con una participación de 31%. Dentro de la producción nacional, Zacatecas aporta 40%; Durango, 15%; Chihuahua, 14%; y los otros 16 estados, el 31% que resta. El monto de reservas de este mineral se estima como uno de los más importantes del mundo, lo que garantiza, eventualmente, el abastecimiento de las necesidades internas y que siga siendo uno de los principales productos exportados.

En cuanto al oro, se distinguen Sonora, que aporta 33%; Durango, 19%; Guanajuato, 14%, y Baja California, también 14%.

También tenemos reservas importantes en metales industriales, entre los que sobresalen plomo y zinc, cuyo volumen es de importancia mundial. En cobre hay reservas suficientes para satisfacer la demanda nacional. En relación con los minerales siderúrgicos, en particular los de hierro y carbón, las reservas son insuficientes para cubrir las necesidades a mediano plazo, prueba de ello es la reducción sustancial de la producción de carbón mineral. El incremento del coque ha sido modesto; en manganeso, tenemos reservas suficientes para cubrir la demanda nacional.

En cuanto a minerales no metálicos, México posee un volumen importante de reservas de grafito, fluorita y azufre, figurando incluso como el productor mundial más importante en los dos primeros. El grafito se encuentra en el sur de Sonora, la fluorita en el sur de San Luis Potosí, y el azufre en el sureste de Veracruz.

La distribución de la explotación de los recursos mineros se ha desarrollado por cuatro siglos en los mismos lugares. Sólo en épocas recientes se han incorporado otros espacios.

J. Recursos pesqueros

México se encuentra entre los principales 20 países que generan bienes pesqueros, pues cuenta con abundantes aguas continentales y marinas. En comparación con los demás países, tenemos el décimo lugar mundial en camarón, tunidos y tiburón/cazón, y el decimoquinto lugar en sardina/anchoveta.

Dentro de la producción pesquera, la captura representa 87%, y la acuacultura, 13%. Las pesquerías más importantes en cuanto a volumen han sido sardinas, tunidos y camarón, que representan, en promedio, 42% de la producción.

Según la Carta Nacional Pesquera, la mayoría de las pesquerías que actualmente operan están en los límites máximos de aprovechamiento. Por el contrario, las pesquerías con potencial de desarrollo en el país son pelágicos menores, calamar fuera del Mar de Cortés, y bacalao negro, langostilla y guachinango en el Pacífico mexicano. En el cuadro III.3 se establece el grado de sustentabilidad de las principales pesquerías.

Como se puede apreciar en el cuadro, el potencial pesquero se registra en el litoral del Pacífico, que cuenta con la mayor diversidad biológica y es la zona de mayor producción pesquera. La pesca en esta zona representa 70% del volumen total del país. El Pacífico Norte cuenta con la mejor infraestructura para la producción y concentra 21 puertos con una longitud de atraque de 12 000 metros (87% del total en el Océano Pacífico). Es también en los litorales del Pacífico donde se da la mayor capacidad de procesamiento (Baja California Norte y Sur, Sonora y Sinaloa, principalmente). En el Caribe, por otro lado, hay restricciones a la pesca, por la existencia de zonas marinas protegidas.

La tendencia, por tanto, es aumentar la variedad de los recursos explotados (diversificación de pesquerías) como

CUADRO III.3. *Estado de sustentabilidad de las principales pesquerías*

	Pacífico	Golfo de México y Caribe	Aguas continentales
Con potencial de desarrollo	Pelágicos menores Calamar fuera del Mar de Cortés Bacalao negro Langostilla Guachinango Cangrejo de profundidad Barrilete negro Barrilete	Barrilete	Especies de ornato
Aprovechada al máximo sostenible	Camarón Atún Tiburones oceánicos Tiburones Golfo de Tehuantepec Tiburones Golfo de California Jaiba de Sonora Almeja de León Caracol panocha Pez vela Marlin	Camarón Tiburones Pulpo Langosta Sierra peto Guachinango Atún	Presa Infiernillo: Carpa Tila pia Bagre
En deterioro	Abulón Pepino Erizo Lisa	Mero Lisa Caracol	Lago de Pátzcuaro: pescado blanco, tilapia, carpa, charal, lobina y acumara Presa Aguamilpa: bagre, carpa, lobina y tilapia

FUENTE: CONAPESCA

estrategia de desarrollo, buscando el crecimiento de los mercados para una gama más amplia de recursos pesqueros. También se requiere de inversión en tecnología para modernizar la industria y diversificar los procesos de transformación: 58% de la producción pesquera tiene al menos un proceso de transformación —incluyendo congelación— llevado a cabo por 413 plantas.

Asimismo, la acuacultura representa un importante potencial de crecimiento para suministrar alimentos de alto valor proteínico, así como para incrementar la generación de divisas mediante la exportación de estos productos.

K. RECURSOS TURÍSTICOS

La riqueza turística del país es uno de nuestros principales atractivos. Bellezas naturales: lagos, ríos, mares, playas, asociadas a una oferta hotelera abundante, el arte prehispánico monumental y colonial arquitectónico que recuerda el pasado y un mundo artesanal rico por su diversidad e ingenio.

Los ingresos por turismo son importantes. Junto con la exportación de petróleo y las remesas de dólares de los trabajadores mexicanos en los Estados Unidos, constituyen una de las fuentes más importantes de divisas, calculadas en 2005 en 50 000 millones de dólares.

Al igual que en las exportaciones, el nivel de ingreso turístico depende básicamente del comportamiento de la economía estadunidense. Pero su potencialidad es mayor porque ha recibido por parte del gobierno una atención prioritaria, lo que ha permitido que la inversión nacional y extranjera en esta actividad se haya elevado significativamente. También las expectativas mundiales apuntan hacia una creciente relevancia del turismo como uno de los recursos para el desarrollo económico y social de los pueblos. Desde la Organización Mundial de Turismo (OMT) se vaticina un incremento del turismo en el mundo a tasas entre 5 y 7% anual, con una previsión en el año 2020 de 1 600 millones de turistas, frente a los 760 millones actuales. Deberíamos unirnos a esta tendencia positiva.

Se ha demostrado que México tiene un potencial turístico inmenso, sobre todo por su enorme litoral, mayor que el de los Estados Unidos en mares tropicales; éstos han agotado prácticamente todo el potencial turístico de las costas de California y el sureste. México ha probado que el turismo costero no sólo produce divisas, sino que también crea rápidamente nuevas poblaciones de alto ingreso en lugares donde se demandan empleos y son insuficientes los recursos naturales agropecuarios o la educación para ser absorbidos por el trabajo industrial.

También existe una alta potencialidad turística en la asociación de cultura y entretenimiento, con actos masivos y selectivos de tipo artístico para el esparcimiento tanto de la población en general como de los turistas en particular.

L. Un balance de nuestros recursos y potencialidades

Como queda claro en las líneas precedentes, nuestro país cuenta con recursos, si no abundantes, como se creía en el pasado, cuando se utilizaba la metáfora del cuerno de la abundancia, sí suficientes para proporcionar una base para el desarrollo económico y social. Hemos desperdiciado mucho. Lo importante es rectificar sobre medios y tecnologías depredadoras, para una racionalidad que permita utilizar los recursos dentro de un criterio de mesura y desarrollo sustentable. El deterioro de los recursos naturales y del medio ambiente ha llegado a niveles peligrosos; de no revertirse esta situación, se pondrá en riesgo la sustentabilidad del desarrollo económico y social a mediano y largo plazos.

IV. CONFORMACIONES MUNDIALES DE PODER Y LIDERAZGO. POSICIONAMIENTO DE MÉXICO

A. El contexto internacional del poder

Los Estados Unidos, la Unión Europea y los países líderes de Asia —Japón y China principalmente— son los ejes en el mundo de la política, de la economía y de la cultura estandarizada. Las alianzas entre ellos se dan en el contexto de una defensa de sus intereses, similares e incluso entremezclados por la trasnacionalización económica. Los demás países vivimos en la periferia de las relaciones internacionales, donde la cooperación es escasa.

Los Estados Unidos se debaten internamente entre dos posiciones muy definidas. Una considera que el país debe dedicarse a establecer reglas con la comunidad internacional para tomar decisiones compartidas en el arreglo mundial. En este contexto, ejercería prudentemente su actual superávit de poder para defender los intereses de la nación y coexistir con otros poderes. Les asiste la prudencia y el reconocimiento implícito de que es inevitable la decadencia de las grandes potencias mundiales. La otra posición quiere asegurar la hegemonía militar y económica del país y pretende no ser desafiado por ningún otro durante las próximas décadas. Esta posición —ya añeja— tenía mucha fuerza en la época de la Guerra Fría y contaba con amplio respaldo ciudadano. En la actualidad, las cosas son muy distintas; las expectativas de bienestar de una parte de la población han disminuido, a causa de una sorprendente concentración del ingreso que ha dejado atrás el sueño americano. Y como se demostró en las elecciones presidenciales de noviembre de 2004, la ciudadanía se halla, políticamente, muy dividida.

Dice Paul Krugman, en un artículo reciente: "Muy pocos hijos de la clase media logran ascender siquiera hacia un ingreso moderado. Aquellas historias de 'mendigo a millonario' se han vuelto escasas al punto de la extinción. En los Estados Unidos modernos parece muy probable que uno se quede en la clase económica y social en la que nació".[1]

La Unión Europea, por su parte, avanza cada vez más dentro de un esquema conservador de estabilidad y crecimiento, abriendo debates sobre gobierno, eficacia y legitimidad. Es y será por mucho tiempo un contrapeso importante en las relaciones internacionales. Hoy se habla, en toda Europa, de una reindustrialización que supere los actuales problemas tecnológicos y de empleo, este último erosionado por la competencia mundial.

La Unión Europea constituye hoy el único reducto socialdemócrata del mundo, después del deterioro que sufrió ese modelo. Y se reconoce que el Estado nacional es incapaz de crear prosperidad y seguridad para sus ciudadanos sin una estrategia de asociación internacional, y que la interdependencia requiere un compromiso global y la ampliación de una vida de y entre las naciones basada en normas. Este punto de vista está arraigado en la creencia de que el internacionalismo y el interés nacional se deben ver como uno solo y que la justicia social de cada país depende de salvaguardar la democracia, la seguridad y la estabilidad en el exterior.

En Asia, el poder se está diversificando entre Japón y China. Este último país, como una gran potencia industrial, invierte más recursos en investigación y desarrollo científico y tecnológico que Alemania y la India, y ha creado un "circuito étnico chino", compuesto por China, Hong Kong, Taiwán y Singapur, que es el principal centro exportador

[1] Paul Krugman, "La muerte del sueño americano", *La Jornada*, México, 19 de enero de 2004, p. 18. Krugman es un destacado columnista del *New York Times*.

mundial, por encima de los Estados Unidos y Alemania. Observando el crecimiento económico paradigmático de esos países se confirma aquella premonición de Alexander Herzen de que Asia iba a ser el Mediterráneo del futuro. Lo ocurrido en China, la India y otros países del sureste asiático descansa en los siguientes principios rectores:

a) Políticas económicas y medidas aplicables a largo plazo.

b) Control político total y estable durante las últimas décadas. En China, el dragón serpenteante de un capitalismo manchesteriano gestionado por un mandarinato comunista.

c) Estrategia de crecimiento acelerado en aspectos industriales para generar en un muy corto plazo crecientes niveles de sueldos urbanos e ingresos de divisas, que permitan en una etapa posterior canalizar esfuerzos suficientes a regiones rurales.

d) Ningún temor a la inversión extranjera, aun en el campo de los recursos naturales.

Paralelamente a los liderazgos actuales están surgiendo otros poderes regionales. Un estudio realizado por un grupo de economistas de Goldman Sachs[2] señala a cuatro países con perspectivas muy atractivas para los próximos 50 años: Brasil, Rusia, India y China. Entre otras cuestiones, vaticina que Brasil crecerá a casi 4% anual y su ingreso por habitante será cinco veces mayor que el actual, a pesar de su enorme desigualdad; Rusia tendrá un ritmo promedio de crecimiento superior al de Brasil, lo que elevará de manera notable el ingreso de las familias; China conservará sus logros actuales, aunque bajará su tasa de crecimiento a 5% hacia la mitad del siglo; India hará auténticas hazañas, ya que, con una tasa

[2] Comentado por Cesáreo Morales, politólogo mexicano, en su artículo "El futuro", *El Economista*, México, 5 de febrero de 2004, p. 46.

sostenida de crecimiento de entre 5 y 6%, multiplicará por 36 el ingreso de las personas. Si uno de los estímulos de la inversión es la certidumbre del crecimiento, se estima que esos países recibirán flujos significativos de capital del exterior, lo que vendrá a cerrar su círculo virtuoso de crecimiento.

Si esta proyección se cumple, la economía de Brasil será más grande que la de Italia en 2022, y que la de Francia en 2031. Rusia estará por encima del Reino Unido en 2027 y, en 2028, su PIB será mayor que el de Alemania.

Paul Kennedy,[3] el especialista en pronósticos sobre la decadencia de las grandes potencias, dice que en 2050 China será la primera economía del mundo, seguida por los Estados Unidos y la India. La preocupación por este pronóstico aumenta si se considera que los gastos militares de China y la India se equipararán a los de los Estados Unidos. Las tres grandes potencias, entonces, serían China, los Estados Unidos y la India, en ese orden.

China e India, dos potencias geoeconómicas, han crecido en forma espectacular gracias a sus economías mixtas altamente reguladas. Las economías intermedias estarán representadas por Japón, Alemania, Gran Bretaña y Brasil. Países como Francia e Italia perderán influencia debido a su lento crecimiento económico. Esto significa que, de darse los supuestos anteriores, la situación mundial se modificará de manera notable a lo largo del siglo.

La participación del PIB por regiones, reflejo de riqueza y poder, aparece representada en el cuadro IV.1, en el que se advierte cómo está repartida la producción mundial y, por tanto, el ingreso.

---

[3] Véanse dos interesantes artículos de Paul Kennedy: "Aciertos y fallos del Consejo de Seguridad" y "La estrategia de seguridad nacional, un año después", *El País*, 24 de octubre de 2002 y 19 de septiembre de 2003, respectivamente. Paul Kennedy es catedrático de historia en la Universidad de Yale y autor de aproximadamente 16 libros, entre ellos *Auge y caída de las grandes potencias*.

CUADRO IV.1. *Participación de los países en el PIB mundial (%)*
(año 2000)

I. *Países desarrollados*	*76.1*
Estados Unidos	30.5
Canadá	2.1
Japón	15.9
Australia	1.2
Unión Europea (15 países)	24.9
Otros países europeos	1.5
II. *Países en desarrollo*	*21.6*
Asia	9.7
América Latina	6.4
Medio Oriente	3.8
África	1.6
III. *Países en transición del Este de Europa*	*2.3*
TOTAL	100.0

FUENTE: USDA Baseline Projections, febrero de 2004.

En el cuadro IV.1 se muestra que los Estados Unidos, la Unión Europea y Japón tienen más de 70% del PIB mundial: los Estados Unidos, 30%; la Unión Europea, 25%, y Japón, 16%. Esto explica el protagonismo decisivo de estos países en las organizaciones mundiales. Mientras el FMI se especializa en finanzas, el Banco Mundial lo hace en desarrollo, la OMC en comercio, la OTAN en seguridad, y la OCDE en ideas. En estas instituciones se generan ideología y pensamiento, crean los amarres internacionales del poder, fijan la normatividad política, son los ejes institucionales de la globalización. Ésta se constituye en el proceso mediante el cual los países se integran a la economía internacional, de manera tal que su evolución depende más del comportamiento de los mercados mundiales y menos de sus políticas gubernamentales. Pero no todo es miel sobre hojuelas. La globalización actual está en crisis. Dice David Held, economista inglés:

> Hay cuatro acontecimientos importantes, que se refuerzan entre sí y señalan en una dirección negativa:
>
> —El posible derrumbamiento de la regulación del comercio mundial, de tal forma que se agrave aún más la falta de interés en corregir la desigualdad global.
> —No haber avanzado en los Objetivos de Desarrollo para el Milenio de las Naciones Unidas, que establecían los niveles mínimos humanitarios para amplios sectores de la población mundial.
> —El rotundo fracaso a la hora de abordar las pavorosas consecuencias del calentamiento del planeta.
> —La erosión del orden multilateral simbolizado por Naciones Unidas, pero que se extiende a toda una serie de acuerdos y agencias internacionales.[4]

En el cuadro IV.1. también se advierte que los países en vías de desarrollo de Asia, América Latina y el Caribe, Medio Oriente y África, que representan 85% de la población mundial, sólo tienen 20% del PIB mundial; América Latina únicamente aporta 6.4 por ciento.

Esta desigualdad se agudiza en términos de ingreso y satisfactores básicos. De los 6 000 millones de habitantes del mundo, 4 000 millones viven con un ingreso por habitante inferior a 1 500 dólares anuales. Peor aún, 1 300 millones de personas viven con menos de un dólar al día; 3 000 millones, con menos de dos dólares diarios; 3 000 millones carecen de servicios de salud; 1 300 millones de ciudadanos todavía no tienen agua potable, y 2 000 millones no tienen electricidad. Cada año mueren entre cinco y seis millones

---

[4] David, Held, "Globalización: el peligro y la respuesta", *El País*, 4 de julio de 2004, p. 11.

de personas, principalmente niños, debido a enfermedades transmitidas a través del agua —como la diarrea— o a causa de la contaminación atmosférica. El número de pobres se ha duplicado en el mundo desde 1974. A pesar de estas cifras, la ayuda oficial al desarrollo ha descendido al nivel más bajo de los últimos 50 años.

El sistema en el que vivimos sabe producir con eficacia, pero no sabe distribuir. La acumulación es la virtud absoluta, tanto si se trata de riqueza como de poder. En este contexto: Norte-Sur, desarrollo-subdesarrollo, poder-marginación, ¿cuál es la posición de México? Nuestro país aporta 1.7% del PIB mundial; es uno de los países más importantes de América Latina, por el volumen de su PIB, aun cuando a nivel *per cápita* no ha variado en los últimos 20 años. En cuanto a su territorio y población, ocupa un lugar intermedio; pero de entre los países de la OCDE, recibe bajas calificaciones por sus bajos niveles en la calidad educativa y en su eficiencia productiva. Lo mismo sucede cuando se analiza la corrupción y la inseguridad jurídica.

La ubicación geográfica de México es su destino. Se quiera o no, en la relación con los Estados Unidos se avanza hacia un contexto complejo, desigual, asimétrico. México tiene que meditar su futuro en la región de América del Norte. Sus estrategias y políticas públicas tienen el sello de esta regionalidad: migración, elevado índice de las remesas de divisas de los trabajadores mexicanos que laboran en ese país, los 23 millones de mexicanos que viven allá.

Una expansión de México, tanto productiva como comercial y cultural, tendrá que darse también hacia la región latinoamericana y el Caribe. El porvenir de nuestro país es continental. Para mejorar estos contextos de interdependencia, nuestro país necesita un liderazgo de conciliación, conocimiento de las relaciones geopolíticas y un cabal entendimiento de las estructuras y los flujos comerciales y financieros globales.

B. Definiciones y conflictos en el comercio mundial

Más de 80% de las exportaciones mundiales son realizadas por sólo 10 naciones, quienes determinan el juego político dentro de la Organización Mundial del Comercio (OMC) y representan la fuerza proteccionista que existe en el comercio mundial, a pesar de que todos los países en desarrollo quisieran liberalizarlo. (La gráfica IV.1 muestra el porcentaje de riqueza en manos de los países desarrollados.)

El evidente daño que ha producido el proteccionismo de los países ricos a los países en vías de desarrollo hizo que surgiera en Cancún, en 2002, el Grupo de los 20, encabezado por China, India y Brasil, quienes acordaron no hacer ninguna concesión comercial en tanto no hubiera avances en el desmantelamiento de las ayudas al sector agrícola. Hoy, el

GRÁFICA IV.1. *Porcentaje de la riqueza que se encuentra en países industrializados*

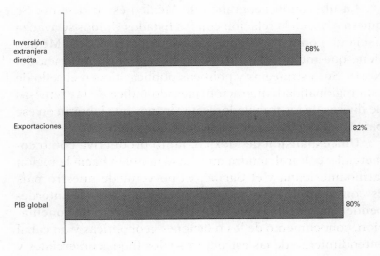

Inversión extranjera directa — 68%

Exportaciones — 82%

PIB global — 80%

FUENTE: ONU, PNUD.

Grupo de los 20 sólo está dispuesto a avanzar por tres caminos: *1)* la eliminación de los subsidios a la exportación que realizan los países desarrollados; *2)* la eliminación de apoyos domésticos a las actividades agropecuarias, y *3)* el acceso a los mercados. Con frecuencia, los instrumentos proteccionistas van más allá de la existencia de tarifas, incluidas cuotas, como es el caso del mercado agropecuario de los Estados Unidos y otras trabas al comercio vinculadas a la comercialización de los productos o estándares fitosanitarios.

Los países ricos quieren que los países menos desarrollados rebajen sus aranceles a las importaciones de productos industriales, mientras que estos últimos reclaman que los países industrializados realicen un recorte de las tarifas para los productos agrícolas. Todo el mundo coincide en que es importante reducir las tarifas arancelarias, pero en la OMC se sabe que no habrá ningún avance en este campo hasta que haya alguna solución en el tema de subsidios y ayudas agrícolas.

Resulta evidente e incontrovertible que los países industrializados subsidian generosamente a sus productores agrícolas, lo que les permite invadir mercados con productos competitivos en precios y calidad, mientras los protegen de importaciones en sus mercados domésticos con tarifas elevadas y otros obstáculos.

Se estima que el subsidio que otorgan los países miembros de la OCDE a sus productores agropecuarios es de 320 000 millones de dólares anuales, la mitad del PIB mexicano.

De lo que se trata es de que la producción agropecuaria se ubique donde existan ventajas comparativas naturales a nivel mundial y que, mediante la más alta libertad comercial, se consiga que los productos agropecuarios tengan la mejor calidad y el menor precio. Lo que hace falta es crear condiciones que permitan un reparto íntegro y más justo de los enormes beneficios del comercio. Ha surgido por tanto la necesidad de que en las próximas negociaciones se incluya una propuesta de reforma de fondo de este sistema de proteccionismo subsidiado.

En reiteradas ocasiones los gobiernos de los países ricos han planteado un nuevo y hermoso mundo de retórica sobre el comercio mundial. En la reunión de la OMC celebrada en Doha Qatar, en 2001, prometieron solemnemente convertir el desarrollo económico y la reducción de la pobreza en piezas centrales de una nueva ronda de negociaciones sobre comercio. Esa promesa se olvidó y se suspendieron las negociaciones en la reunión de Cancún en 2003, en las que no se pudo avanzar. Sin embargo, a mediados de 2004, Washington y Bruselas accedían en la OMC a recortar en 20% su ayuda al campo. Éste fue un avance notable, resultado de la presión ejercida por el Grupo de los 20.

C. EL PELIGRO ECOLÓGICO

Al igual que existe preocupación mundial por reducir la pobreza, se ha alertado internacionalmente sobre los problemas de contaminación atmosférica. Se trata de superar el peligro ecológico con el propósito de lograr la estabilidad del planeta a largo plazo.

El mundo está desequilibrado y en peligro. La deforestación aumenta tras perder casi 100 millones de hectáreas de arbolado sólo en la pasada década, debido en buena parte a que millones de agricultores pobres de África y Latinoamérica se ven obligados a talar árboles. También están aumentando las emisiones de dióxido de carbono. El objetivo de la Unión Europea es reducir las emisiones de gases de efecto invernadero en 8% de aquí a 2010; pero con las políticas actuales, sólo se estima que disminuirán en menos de 1%. De las especies mundiales, 12% de los pájaros, 24% de los mamíferos y 30% de los peces son vulnerables o se encuentran en peligro inmediato de extinción.

El problema del medio ambiente es grave en los países en vías de desarrollo, donde viven 5 000 millones de los 6 000 millones de habitantes del planeta, y en los que la contaminación ambiental se encuentra estrechamente relacionada con el bajo nivel del desarrollo humano y la pobreza. Sin embargo, son los países más ricos los que mayormente contribuyen al daño medioambiental; aunque representan sólo 15% de la población mundial, causan 50% de las emisiones globales de dióxido de carbono, siendo ésta la principal causa del cambio climático. Pero son los países más pobres quienes soportan buena parte de los costos, al perder hasta 8% de su PIB anual debido a la degradación medioambiental, y sufren, asimismo, los devastadores efectos que ésta tiene sobre la salud y el bienestar humano.

Difícilmente se podrá avanzar si los países no resuelven en los foros multilaterales los desafíos que presenta el deterioro ecológico del mundo. Los esfuerzos institucionales globales han sido menospreciados por los países más ricos, en particular por los Estados Unidos, por su resistencia a firmar el Protocolo de Kyoto, que estableció límites para las emisiones contaminantes de los países industrializados en el periodo 2008-2012. Esto significa que faltará mucho tiempo para asumir como un compromiso político la necesidad de hacer sustentable el desarrollo económico. Todavía está lejos esta posibilidad. El desarrollo sustentable descansa en el noble intento que le dio origen: no quitar a la Tierra más de lo que le devolvemos. Esto implica solidaridad con las generaciones futuras. Pero, irónicamente, la premisa ha cambiado, adquiriendo un nuevo significado: no quitar a la Tierra más de lo que el mercado pueda soportar.

En tanto, surge un interrogante: ¿Podría el calentamiento global acabar en catástrofe o anticlímax? No lo sabemos. Lo que sí sabemos es que la acumulación en la atmósfera de los llamados gases de efecto invernadero (GEI) tendrá como consecuencia un incremento de la temperatura del planeta y del nivel del mar, una mayor frecuencia de fenómenos catastróficos como sequías, tormentas e inundaciones, la extensión de las enfermedades tropicales y la desaparición de especies. Esto no es una hipótesis de ciencia ficción. Si no ponemos manos a la obra para atenuar el problema, nuestro mundo perderá condiciones de habitabilidad.

D. La carrera por la competencia y la productividad

Desde hace tres décadas, en el mundo, sobre todo en el desarrollado, se ha llevado a cabo un proceso de transformación de la actividad económica. Hemos sido testigos de un traslado continuo de puestos de trabajo e inversión en los servicios, y ese cambio ha supuesto mejoras en la productividad del sector industrial. La productividad laboral de los Estados Unidos ha sido superior a la de la Unión Europea. Esto se explica porque las empresas de los países de la Unión Europea no invierten tanto en investigación y desarrollo científico y tecnológico como lo hacen las de los Estados Unidos y Japón, lo que incide también en la productividad aportada por la tecnología de la comunicación y de la información, que en Europa es menor. Asimismo, en la economía mundial no sólo los primeros están en la mira, también se observa a las nuevas economías que vienen pisándole los talones.

Desde la pasada década hemos observado cómo un flujo continuo de inversión se traslada a los diez nuevos miembros de la Unión Europea. Éstos combinaron una buena base técnica con la habilidad para las ciencias, las matemáticas y la ingeniería. Las nuevas inversiones en infraestructura se unen a costos más bajos y, en algunas de ellas, a una rápida adopción de nuevas tecnologías. Todo esto ayudará a crecer con mayor rapidez y a experimentar grandes aumentos de productividad en los sectores público y privado.

Existe preocupación en la Unión Europea respecto del traslado de la producción al Extremo Oriente y a la India, que ofrecen mayores ventajas competitivas. Por ello ha articulado una política industrial para una Unión Europea ampliada, cuya esencia radica en el concepto de *reindustrialización;* con ello ha superado un proceso de desindustrialización que mostró la necesidad de una transformación general en la estructura económica.

En suma, el asunto clave de todo este proceso de cambio científico y tecnológico es aumentar la productividad. Por ello todos los países están viviendo procesos de reconversión productiva. Los países desarrollados van a la punta, gracias a la inversión que han destinado a investigación y desarrollo científico y tecnológico. Los países en vías de desarrollo van todavía a la zaga —a excepción de China, Corea, India, Chile y Australia—, debido al rezago en la articulación de políticas de desarrollo productivo. Es importante señalar que en 2003 China creció a 9% y produjo 55% de los monitores de computadoras en el mundo, 52% de las cámaras fotográficas, 42% de los televisores a color y 38% de los teléfonos celulares. La clave está en una ventaja competitiva: su mano de obra barata. El flujo de capitales hacia China está más vinculado a la inversión fija que a capitales de corto plazo, lo que crea cierto blindaje a sus actuales desequilibrios. Las inversiones se orientan a las exportaciones, lo que le ha permitido acumular reservas de 420 000 millones de dólares. Así como es un gran exportador también es una enorme garganta, que consume 7% de la oferta mundial de petróleo, 26% del aluminio mundial, 32% del carbón y un increíble 40% del cemento producido en la Tierra.

Los países en desarrollo enfrentan el desafío de transformar sus economías pasando del modelo actual —basado en ventajas comparativas, principalmente abundancia de recursos naturales y mano de obra no calificada— a uno sustentado en ventajas competitivas, fundamentalmente en el conocimiento y en el uso sostenible de capital natural. Los indicadores de competitividad muestran que los países de América Latina ocupan lugares muy rezagados. De acuerdo con la última clasificación de competitividad del Foro Económico Mundial, los países latinoamericanos se ubican, en promedio, en la posición 58 dentro de una muestra de 80 países. Nueve países de la región latinoamericana se ubicaron entre los últimos 20 puestos de la muestra.

Por el contrario, el desempeño del sudeste asiático es sorprendente. La experiencia revela que su orientación exportadora ha sido clave para fomentar el crecimiento. Después de la transición de sustitución de importaciones con alto contenido tecnológico de los últimos 50 años, dicha región ha mostrado gran flexibilidad en la adaptación de su modelo de crecimiento en función de sus ventajas competitivas. Por el contrario, América Latina continúa dependiendo de manera importante de lo que produce y exporta a partir de sus recursos naturales. En el año 2000, por ejemplo, 71% de las exportaciones totales de América Latina fueron primarias o manufacturas genéricas basadas en recursos naturales. Únicamente 29% de las exportaciones estuvieron conformadas por productos manufacturados con algún contenido tecnológico. La Corporación Andina de Fomento comenta:

... las empresas latinoamericanas no han sido capaces de competir efectivamente en los mercados globalizados. La globalización y las reformas estructurales, como la apertura económica, han generado una mayor competencia de empresas extranjeras en el mercado interno. Este mayor nivel de apertura, si bien trajo beneficios para los consumidores en términos de precios y diversificación de la oferta, también ocasionó el cierre de muchas empresas, cuya falta de eficiencia, producto principalmente de una economía protegida, quedó al descubierto. Asimismo, mientras que la región ha realizado importantes esfuerzos en términos de apertura comercial, los principales mercados en países desarrollados se encuentran prácticamente cerrados por barreras arancelarias y no arancelarias para gran parte de los productos de la región. Esto es así porque, si bien existe un compromiso retórico por parte de los países desarrollados en relación con la apertura de mercados, esto no es practicado.[5]

En la carrera por la productividad y su resultado comercial, las ventajas competitivas, los países en vías de desarrollo están en desventaja estructural porque los países ricos son los que invierten en investigación y desarrollo tecnológico, son los que fijan las reglas del juego del comercio mundial, son los que realizan el flujo de inversiones tanto directas como financieras en el resto del mundo, son los que exportan el modelo californiano de vida, que es un sueño para los países pobres.

E. Justicia mundial y derechos humanos

Es de lamentar que en 2002 Israel y los Estados Unidos hayan retirado su firma del Estatuto de Roma, que crea la Corte Penal Internacional, y que Brunei y también los Estados Unidos sólo hayan ratificado uno de los siete tratados contenidos en la Declaración del Milenio, que establecen los niveles mínimos humanitarios para amplios sectores de la población mundial. Respecto al comportamiento de los países ante la protección de los derechos humanos, 13 Estados no han ratificado todavía ninguno de los instrumentos existentes.

Hay en el mundo una extrema lentitud en la universali-

---

[5] Corporación Andina de Fomento, *Desafíos de la competitividad en América Latina,* México, 2003, p. 4.

zación de los derechos humanos, agravada por el surgimiento de tendencias regresivas. Resulta en extremo preocupante el aumento de la aplicación de la tortura y el maltrato en los centros de detención, así como la limitación de las libertades fundamentales, como resultado de la generalización de la legislación antiterrorista en muchas zonas del planeta a partir del 11 de septiembre de 2001. Esta involución general se produce en un contexto internacional de por sí frágil; las organizaciones de derechos humanos señalan que en 2002 en al menos 71 países se produjeron abusos relativos a la vida y a la seguridad de las personas de manera sistemática, y en más de la mitad de los países (117) se aplicó de manera constante la tortura y los malos tratos a los detenidos. La pena de muerte continúa vigente en la mitad de los países y 84 de ellos la han aplicado en mayor o menor medida (87 países en 2001), destacando 2 468 ejecuciones realizadas en China.

F. Desarrollo económico menguado

Es notable el número de países que continúan gastando más recursos económicos en actividades militares que en educación y salud (28 casos en 2002 frente a 24 en 2001), vulnerando con ello sus posibilidades de desarrollo. Otros 35 países han sido señalados por el Banco Mundial por su mala gobernabilidad, y ocho más han retrocedido de manera significativa en sus compromisos para el desarrollo social.

Los indicadores nos muestran igualmente que hay 28 países con una deuda externa superior a su PIB (30 casos en 2001). Esta pésima situación —en la que se halla un amplio conjunto de países del Sur—, más el estancamiento en la reducción del hambre en el mundo, coincide con la política de los países industrializados tendiente a disminuir su ayuda al desarrollo. Basta señalar en este sentido que sólo hay cinco países industrializados que han cumplido con el objetivo de destinar 0.7% de su PIB para ayuda al desarrollo.

Muchas crisis, violencia sistemática de derechos humanos o ingobernabilidad tienen que ver con situaciones de conflictos armados o contextos en los que hay una enorme tensión política y económica.

América Latina es la región más rezagada. Mientras otras en desarrollo emergen, América Latina se estanca y aun presenta la distribución de ingresos más desigual del mundo, así como una pérdida de dinamismo en su economía.

Lo que queda claro es que, aun cuando existan muchas referencias políticas y económicas ambiciosas, si en los países no hay actores políticos que tengan claridad respecto de la organización del desarrollo económico y social, de nada servirán aquéllas. La economía es un instrumento de cambio y progreso que, mediante el crecimiento económico, tiene como fin último abatir la pobreza y dignificar a los seres humanos, pero que implica una radical transformación cultural.

El escenario internacional para el desarrollo económico es difícil; no se advierten tasas de crecimiento excepcionales fuera de China y la India. En la gráfica IV.2 se advierte que durante el periodo 1980-1990 sólo 19% de los países tuvo un crecimiento mayor a 3%; en 46% fue menor, y en 35% los resultado fueron negativos.

Con todo lo controversiales que puedan ser las tendencias a futuro, pueden sintetizarse en la siguiente caracterización, derivada de las estimaciones del Departamento de Agricultura de los Estados Unidos:

- Para el periodo 2001-2013, se estiman tasas de crecimiento económico mundiales menores en relación con las tres décadas anteriores, situándose en un promedio anual de 2.5%. Ello estará determinado básica-

GRÁFICA IV.2. *Distribución de los países según tasa*
de crecimiento del PIB *per cápita*
(1980-1990)

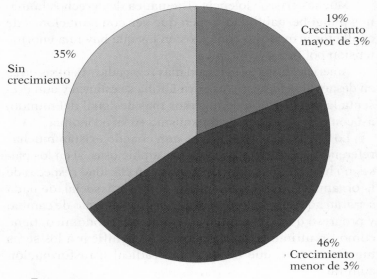

19%
Crecimiento
mayor de 3%

35%
Sin
crecimiento

46%
Crecimiento
menor de 3%

FUENTE: ONU, PNUD.

mente por los descensos que presentarán los países
desarrollados.

• En el mismo periodo, las tasas de crecimiento estarán
entre 4 y 5% en los países en desarrollo.

• Los países europeos no tendrán la misma dinámica de
crecimiento (2.2%) de los Estados Unidos (3%), debido a la pérdida de competitividad.

• Japón continuará con problemas significativos, resultado de sus crisis bancarias y de la persistente defla-
ción.

• El crecimiento económico de los países en desarrollo
así como su alto crecimiento demográfico será lo que
determine la mayor demanda agrícola mundial.

- Un rápido crecimiento de las economías en transición: por arriba de 4% en el mismo periodo, cifra significativa si se considera la contracción registrada en los noventa; esto reactivará la demanda de productos mundiales.

G. Los flujos de inversión

Los recursos de inversión fluyen de manera sorprendente entre los países, sobre todo entre aquellos en los que existe una fuerte interdependencia. Se manifiestan como recursos para la inversión en maquinaria y equipo en empresas subsidiarias de las transnacionales, o inversión financiera en los mercados de valores.

La economía financiera ha sustituido a la economía real. Concretamente tienen más importancia los empresarios financieros que los industriales o de servicios. Los protagonistas de los movimientos financieros son los agentes que representan gigantescos fondos de inversión o de pensiones. Con enormes cantidades de capital que generan los países desarrollados persiguen los tipos de interés más favorables, a través de autopistas informáticas. El comercio de bienes y servicios equivale a menos de 5% del intercambio monetario. Cualquier cambio de gobierno afecta la valoración que de un país hacen los especialistas internacionales y modifica el flujo de capitales.

Los gobiernos no son capaces de controlar la volatilidad de los mercados financieros, hecho que cuestiona su soberanía y democracia. Un país puede tener su economía en orden y al mismo tiempo observar que un grupo de operadores financieros internacionales —desde una computadora y de lugares remotos— mueven enormes cantidades de dinero que transforman esa economía, no necesariamente en algo mejor.

Con la especulación financiera el gobierno ha perdido
fuerza. El intelectual alemán Hans Magnus Enzensberger
menciona:

> Es incontestable que el mercado mundial, desde que dejó de
> ser una visión lejana y se convirtió en realidad global, fabrica
> cada año menos ganadores y más perdedores, y eso no en el
> Tercer Mundo o en el segundo, sino también en los altos cen-
> tros del capitalismo. En el Tercer Mundo son países o conti-
> nentes enteros los que se ven abandonados y excluidos de los
> intercambios; en los países desarrollados son sectores cada
> vez más grandes de la población los que, en la competencia
> cada vez más grande por las calificaciones, no pueden seguir
> y caen.[6]

Según algunas estimaciones, el valor de los capitales
que mueven los fondos de pensiones equivale al PIB global
de todo el mundo. Tres grandes fondos de pensiones estadunidenses movilizan diez veces más dólares que las reservas de divisas del Grupo de los Siete países más desarrollados del mundo. Los gerentes de esos fondos manejan un
poder del que no disponen los gobernadores de los bancos
centrales o los ministros de finanzas de cualquiera de esos
países.

Los fondos de pensiones son un poder central del siglo
XXI. Crean una riqueza que se canaliza de manera masiva
hacia los mercados de dinero y capitales, influyendo en las
economías nacionales.

Los Estados Unidos, Europa y Asia constituyen el escenario de la concentración de poder que canaliza el flujo de
inversiones extranjeras, una parte de la cual se distribuye
entre sí, y otra se orienta hacia los países en vías de desarrollo, en forma de inversión extranjera directa o inversión

[6] Citado por Joaquín Estefanía en *El poder en el mundo*, España, Nuevas Ediciones de Bolsillo, p. 56.

financiera en el mercado de valores. Para los países en vías de desarrollo, la inversión extranjera directa es la más apreciada, a pesar de sus distorsiones, porque se constituye en apéndice de la inversión transnacional y porque a la postre crea producción y empleo. La inversión financiera que se canaliza a bonos y acciones tiene una potencialidad desestabilizadora.

La tendencia consecuente del flujo de inversión extranjera directa (IED) hacia América Latina ha sido descendente, debido a que China e India están absorbiendo volúmenes crecientes de esos recursos.

En 2003 el ingreso de IED de América Latina fue de 36 000 millones de dólares, frente a ingresos de 80 000 millones en 1999 y 2000, y en 2003 se remitieron hacia sus países de origen 20 000 millones de dólares por ganancias de esas inversiones.

En conjunto, de acuerdo con la Comisión Económica para la América Latina (CEPAL), las diez mayores transnacionales que operan en América Latina generan ventas anuales por 116 000 millones de dólares.

La información de la CEPAL y el FMI revela que América Latina y el Caribe dejaron de ser un destino importante para la IED, pero no así la rentabilidad que las transnacionales tienen en la zona, como puede advertirse en la gráfica IV.3.

La salida de divisas por ganancias de los recursos invertidos significó en 2003 poco más de 50% de los recursos que ingresaron. La CEPAL ha reconocido que "En América Latina, la contribución de la IED al financiamiento externo es declinante",[7] y que la región está sujeta a un intenso proceso de transnacionalización, según puede apreciarse con los siguientes datos:

_____

[7] CEPAL, Reporte económico mundial, junio de 2004.

a) En el sector de los servicios las empresas transnacionales han desplazado a las empresas privadas y estatales. Entre 1990 y 1994 sólo una décima parte de las ventas latinoamericanas de ese sector fue realizado por transnacionales; las empresas privadas facturaban 55%, y las empresas estatales, 35%. Entre 2000 y 2002, la relación fue la siguiente: transnacionales, 38%; privadas, 48%, y estatales, sólo 14 por ciento.

b) Entre 1990 y 1994 las empresas de propiedad privada extranjera asentadas en América Latina eran responsables de 25% de las exportaciones; las empresas privadas nacionales, de 34%, y las empresas estatales, de 41%. En 2002 la situación se invirtió: las firmas extranjeras exportaron 41%; las privadas nacionales, 31%, y las estatales, 28 por ciento.

GRÁFICA IV.3. *Inversión extranjera directa*
(miles de millones de dólares)

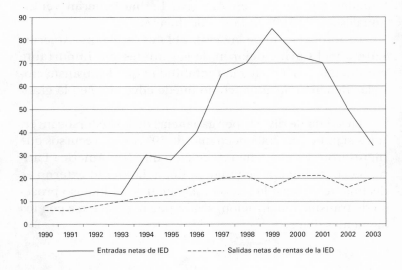

FUENTE: CEPAL y FMI.

Es decir, el proceso de transnacionalización económica de América Latina es evidente. Esto ocurre en la economía real. En la economía financiera son famosos los colapsos financieros, por ejemplo, los de México y Brasil. Los capitales pueden fugarse en 24 horas y dejar a un país en la ruina, como ocurrió en 1994 en México, en 1997 en las naciones del sudeste asiático y en 1999 en Brasil, que entró en una profunda recesión.

Si la globalización es una etapa histórica, existe un mercado y un discurso únicos; de lo que se trata es de buscar la gobernabilidad del capitalismo global. ¿Por qué no hay un gobierno único? Por una sencilla razón: a los poderosos no les gusta la regulación. Les va mejor sin ella.

En tanto esto ocurre en México, en China, uno de los polos de atracción de la IED, ingresaron, en 2003, 51 000 millones de dólares, el doble de lo que recibía en 1997. Es allí donde se ha volcado la inversión transnacional.

H. La patología de la globalización

Se trata del mercado de bienes y servicios ilícitos. Por esos canales circulan armas, drogas, materiales radioactivos, órganos humanos, trabajadores ilegales, mercancías de contrabando, terrorismo. La ONU calcula que todo ese tráfico de economía global criminal suma 1.5 billones de dólares.

1) *El armamentismo.* El mundo comienza a vivir una peligrosa carrera armamentista por el surgimiento de nuevas formas de terrorismo y antiterrorismo; el desmantelamiento de las armas nucleares; las dificultades económicas que atraviesan los antiguos países de la órbita soviética que los ha llevado a vender sus antiguos arsenales de armas convencionales; el intercambio de drogas por armas y la propia competencia entre las industrias militares de los países

industrializados que han reactivado la compra de armamento por parte del Tercer Mundo.

2) *El terrorismo.* El auge armamentista tiene respuesta en el aumento del terrorismo en la medida en que éste puede entenderse como la respuesta militar de los débiles al armamentismo de los fuertes. Convertido en arma política y relativamente fácil de operar, como la guerra en Irak, se comprueba un hecho paradójico: pese a que los Estados Unidos ejercen 36% del gasto militar mundial, fue detenido por el nacionalismo de la guerrilla sunita en Fallujah y la intifada chiíta del sur de Irak.

3) *El narcotráfico.* Es uno de los factores más perturbadores de la gobernabilidad, sobre todo para los países en desarrollo. A lo largo de su siniestra cadena se generan múltiples situaciones de criminalidad y corrupción, que afectan la estabilidad institucional y política de los países de origen y de los países consumidores, en particular de los Estados Unidos y los países grandes de Europa. El fenómeno ha aumentado tanto que en Afganistán el cultivo de narcotráfico origina 52% de su PIB. Antonio María Costa, funcionario de la ONU para las Drogas y el Crimen (UNODC), menciona al respecto: "Asistimos a una interacción perversa entre el tráfico y el terrorismo que involucra también a los campesinos... La economía del opio continuará creciendo mientras la producción de droga y su tráfico no acarreen ningún castigo o no existan incentivos para abandonarlos".[8]

El fenómeno del narcotráfico es más preocupante si se tiene en cuenta que en su evolución reciente presenta las siguientes novedades:[9]

[8] Investigación de Ángeles Espinosa, *El País*, Madrid, 17 de junio de 2004.
[9] Esta caracterización fue tomada del documento de Ernesto Samper Pizano, *Gobernabilidad para la globalización. I Encuentro de ex presidentes latinoamericanos*, Cartagena de Indias, marzo de 2001.

a) Comienza a aceptarse que la lucha contra las drogas se está perdiendo, lo que debilita los esfuerzos para controlarlas y estimula a los gobiernos a adoptar políticas de tolerancia que estimulan el consumo.

b) El impacto social del problema en el nivel de producción y consumo se está diluyendo porque la implantación de políticas represivas golpea esencial y paradójicamente los puntos más débiles y extremos de la cadena: los campesinos y los consumidores.

c) La línea divisoria entre países consumidores y productores es cada vez más débil. Hoy se pueden encontrar países consumidores que empiezan a producir alcaloides en gran escala, como marihuana y éxtasis en los Estados Unidos, y países productores que comienzan a ser consumidores: por ejemplo el *crack* en algunos países de América Latina, coca en Colombia y heroína en México y Brasil.

d) Las grandes organizaciones criminales comienzan a ser sustituidas por pequeños y eficientes carteles, especializados en una determinada droga y diversificados en cuanto a la importación de mercancías de intercambio, como armas y bienes de contrabando.

e) Los esfuerzos por acabar con el problema "en la fuente" se topan con el hecho contundente de que las grandes utilidades se realizan en la fase terminal de la cadena. En efecto, por cada dólar que gana un campesino cocalero, el narcotraficante recibe 190 dólares.

En América Latina el narcotráfico avanza de manera notable debido al aumento de la pobreza, el desempleo, la falta de servicios públicos, la desigualdad. Es el espacio para su desarrollo. Si bien esto no es superable a corto plazo, se ha planteado la necesidad de una estrategia regional de lucha contra las drogas que incluya acuerdos sobre sustitución de cultivos ilícitos, intervención aérea, marítima y terrestre, control de insumos químicos utilizados en el procesamiento industrial, intercambio de información para la persecución de narcotraficantes, convenios de lucha contra el lavado de dinero y campañas de prevención del consumo.

I. Unilateralismo *vs.* multipolaridad
en las relaciones de poder internacionales

La guerra contra Irak, y todos sus antecedentes y desenlaces, ha puesto de manifiesto y a discusión dos conceptos que definen las realidades políticas en el mundo. Uno es el *unilateralismo* estadunidense, con sus guerras preventivas, cuya continuación es el triunfo norteamericano en la Guerra Fría. Si bien antes se daban alianzas, ahora los Estados Unidos pasan por una etapa muy peligrosa, la de ser el único protagonista en un mundo globalizado e interdependiente.

Frente a ello podría surgir un *multipolarismo suave*. Michael Weinstein, uno de los representantes del pensamiento geoestratégico estadunidense, ha escrito: "Ahora que el experimento del unilateralismo de los Estados Unidos ha fracasado con el colapso de su campaña aventurera en Irak, el mundo regresa a dos modelos fundacionales en las relaciones de poder global: el multilateralismo y la multipolaridad".[10]

Esto supone cicatrices por la fractura de las grandes potencias en Irak; significa negociaciones y compromisos con los aliados y los independientes colaboradores limitados, como Rusia y China. Hasta qué punto será fácil llevarlos a cabo es otra historia de la política y el poder, porque en el contexto multilateral y de una multipolaridad

---

[10] Michael Weinstein, "El nuevo regionalismo: hacia la multipolaridad", Power and Interest News Report, 7 de junio; citado por Alfredo Jalife-Rahme, *La Jornada*, 27 de junio de 2004, p. 16.

posible, los Estados Unidos desearán ser ante los aliados el primero entre iguales.

En esta situación sólo la ONU, entre todos los organismos multilaterales, será la que resucite del descrédito y de los embates que sufrió por parte del gobierno del presidente Bush. Es la institución adecuada para administrar una nueva correlación de fuerzas internacionales basada en el multilateralismo.

Weinstein señala también que "La multipolaridad es una política de contención contra los Estados Unidos, otro hiperpoder que ha revelado su vulnerabilidad y los límites de su control militar... Las configuraciones más probables de la política mundial en la próxima década van de una débil a una moderada multipolaridad hasta un débil multilateralismo... El escenario más probable es un viaje lento hacia la multipolaridad". Atrás de todo esto subyace el poder militar, esencia de la multipolaridad.

Rusia y China encabezarán el movimiento hacia la multipolaridad. Y otros poderes los seguirán en función de sus intereses, como el núcleo franco-alemán.

La interdependencia económica de los poderes mundiales y, en general, de todos los países es un hecho histórico. La multipolaridad y el multilateralismo político es ahora un deseo para tener paz en los actuales conflictos regionales.

Sin la bandera de la ONU, los países con poder no quieren involucrarse en la solución en Irak y en la del Medio Oriente, cuyo conflicto es la principal fuente del terrorismo.[11] Dejan solo a los Estados Unidos, que viven el desprestigio de su aventura.[12]

[11] Yergueni Primakov, ex jefe del gobierno ruso y especialista en el Medio Oriente, menciona: "El terrorismo se muestra hoy con ropaje islámico no porque el Islam genere terrorismo, sino porque el conflicto del Medio Oriente constituye su principal caldo de cultivo", *El País*, 27 de junio de 2004.

[12] Zbigniew Brzezinsky, ex asesor de seguridad nacional del ex presi-

Avanzar en el multipolarismo y la multilateralidad significará fortalecer las instituciones internacionales que han caído en el desprestigio y el deterioro. El FMI dispone de recursos que representan 10% de las reservas totales de Japón y el circuito étnico chino: China, Singapur, Taiwán y Hong Kong. El Banco Mundial ha extraviado sus objetivos, antes orientados al desarrollo económico y social; asimismo, se ha suspendido la ayuda para limpiar el medio ambiente. La Organización Mundial de Comercio se enfrenta con un conflicto de difícil solución: los subsidios agrícolas en los países desarrollados. La ONU dependerá de los acuerdos de los países poderosos.

La guerra es el infierno. Como tan a menudo advertía Clausewitz, en raras ocasiones acaba donde se esperaba que concluyera. Pero a los Estados Unidos, por su ocupación en Irak, les espera un viaje turbulento. Cualquiera que afirme saber cuál es el resultado es, como decía George Bernard Shaw, un charlatán.

J. MÉXICO EN LAS RELACIONES MUNDIALES DE PODER

Difícilmente nuestro país puede desempeñar un papel independiente de las actuales correlaciones de fuerzas de poder mundiales. En lo económico depende de los Estados Unidos, pues 60% de las inversiones extranjeras que se realizan en México proviene de nuestro vecino país del norte; por otro lado, se canaliza hacia allá 90% de nuestras exportaciones, a lo que hay que añadir las remesas de trabajadores mexicanos migrantes. Lo que sí podemos hacer es tener

dente Carter dice que "El fenómeno de la pérdida de reputación de los Estados Unidos y su cada vez mayor aislamiento reflejan una paradoja angustiante: sus fuerzas globales se encuentran en su pináculo histórico, pero su prestigio internacional ha caído hasta desplomarse", *The New York Times*, 9 de junio de 2004.

una posición respetuosa, más allá de simpatías y antipatías. Los Estados Unidos son un socio necesario, y con Europa es prudente mejorar nuestras relaciones. Asia significa asimilar una experiencia exitosa. En este contexto, a continuación presento un conjunto de ideas claves para nuestra inserción internacional.

- En la negociación del ALCA, el acuerdo promovido por los Estados Unidos para toda América, es necesario concretar ayudas para todos los países —en particular para los más pobres de América Latina—, similares a los fondos que la Unión Europea brindó a España, Portugal y Grecia, canalizando a cada país el equivalente a 10% del PIB de los países miembros. No obstante, se reconoce que ninguna ayuda exterior podrá solucionar los problemas si los gobiernos no logran organizar un crecimiento económico alto, sostenido y sustentable.

- La relación con los Estados Unidos debe ser seria, respetuosa y consistente, como la forma civilizada de solución a los problemas internacionales. En la relación bilateral deberá haber acuerdos en los que prive el interés nacional de ambos países. Los Estados Unidos son mucho más que su política exterior; recordar esta realidad es el primer paso para establecer nuestras relaciones con ese país. Hay que reconocer nuestro respeto y apoyo a los valores y prácticas democráticas que perviven en su sociedad, de ello derivan una ética y una estrategia para nuestra política exterior. Tenemos que saber decir sí o no a los Estados Unidos, precisamente en nombre de su idea fundadora y de su pragmatismo.

- Los países europeos están cohesionados socialmente. Por tanto, es una experiencia que debería ser objeto de consideración por parte de nuestro país.

- México, junto con Brasil, Argentina y Chile, podría hacer un esfuerzo de integración regional por bloques que permita negociar con otras regiones. Se trata de cuadrar el rompecabezas de las integraciones y las negociaciones en varias bandas: bilaterales con los Estados Unidos y la Unión Europea; entre grupos de países latinoamericanos, y de toda América Latina para formar un bloque.

- Para México resulta necesario integrarse de manera activa —no pasiva, como hasta ahora— al Grupo de los 20 (China, Brasil, Australia, Argentina e India, entre otros), que sostiene dentro de la Organización Mundial de Comercio una política comercial que plantea la eliminación de obstáculos a la exportación de los productos de los países en vías de desarrollo. El éxito alcanzado en agosto de 2004 de lograr que los países desarrollados recorten los subsidios a su sector agropecuario es una muestra de ello.

- En el contexto mundial no hay un bloque de los países medios del que podría formar parte nuestro país. Esta idea resulta del interés de los líderes de esos países, que entienden que solos no son nada. Juntos podrían tener la capacidad de negociar ante las organizaciones mundiales o los países desarrollados. Los países medios cuentan con un territorio significativo en un área geográfica importante, una población considerable y una economía con potencial para crecer. Entre éstos destacan México, Brasil, Argelia, Egipto, Sudáfrica, Turquía, India, Pakistán e Indonesia. Esto adquiere particular importancia porque los países en desarrollo no están suficientemente representados en el proceso de toma de decisiones de las instituciones financieras multilaterales.

- Apoyar las reformas a la Organización de las Naciones Unidas. Hacer que la política internacional descanse en el multilateralismo con base en la necesidad de suprimir el anacrónico derecho de veto de los cinco miembros permanentes del Consejo de Seguridad[13] y la ampliación de dicho Consejo (15 miembros) a un número mayor de países, promoviendo aquellos que se han distinguido por su compromiso con el desarrollo económico y social, la defensa de los derechos humanos, el mantenimiento de la paz y la prevención de conflictos violentos.

- Fortalecer la diplomacia de paz. Romper con el desequilibrio de recursos económicos dedicados a la promoción de la paz y a la preparación de la guerra, desequilibrio que es abismal.
- Promover una propuesta regional de paz para todo el Medio Oriente. Esta zona es la que tiene mayores niveles de militarización y tensión, y uno de los conflictos de larga duración más enconados del planeta. Para superarlo habrá que articular una estrategia que permita superar todos los elementos generadores de inseguridad y desconfianza en la zona: territorio, capacidades de autogobierno, fronteras, procesos de democratización, agua, derechos de las minorías.
- Compromiso de la Declaración del Milenio. La agenda de la paz pasa por un compromiso compartido de carácter universal sobre los grandes objetivos que todos los países acordaron en la Declaración del Milenio, relativas a pobreza, hambre, desarrollo sustentable, educación, mortalidad infantil y salud materna. No es posible vislumbrar un futuro más seguro sin abordar con decisión todos los aspectos que impiden

---

[13] Se recordará que en la Conferencia celebrada en San Francisco en 1945, para firmar la Carta de Naciones Unidas, tanto nuestro país como Australia se opusieron al derecho de veto de los cinco miembros permanentes del Consejo de Seguridad. En aquella época se dijo que si esto ocurría no habría ONU.

los estándares mínimos para garantizar bienestar en
el nivel de vida de todos los seres humanos.

• Universalizar el régimen de proteccionismo de los
derechos humanos. Sin la existencia de un cuerpo
normativo sobre tales derechos es imposible exigir su
cumplimiento. En este sentido, habrá que apoyar la
ratificación universal de todos los instrumentos de
derechos humanos y del Derecho Internacional Huma-
nitario promovidos por Naciones Unidas; la ratificación también universal del Tribunal Penal Internacional; hacer que el Comité contra el Terrorismo del
Consejo de Seguridad vigile que se respeten los derechos humanos de las personas detenidas; apoyar la
creación de un Relator Especial sobre los delitos de
terrorismo, y vigilar que la legislación antiterrorista
no perjudique los derechos de la población inmigran-
te, refugiada o aislada.

• Establecer un régimen universal de desarme. El mundo ha vivido bajo la amenaza nuclear y un sistema de
defensa basado en la acumulación de armas de todo
tipo, sin que ello haya redundado en mayor seguridad
o en la solución de conflictos. Los avances en el campo del desarme y el control de los armamentos no han
dado suficientes resultados como para ver las ventajas
de avanzar en un régimen compartido, equilibrado y
universal de desarme.

• Promover la educación y la cultura de la paz. Si la
guerra es creada por el hombre, hemos de encontrar
la manera de resolver los conflictos sin necesidad de
recurrir a la violencia, esa forma tan primaria y des-
tructiva. La educación para la paz ha de tener una
preeminencia a lo largo de toda la etapa formativa del
ser humano, desde la infancia hasta la universidad.

• Promover una nueva cultura de la energía. Con el
trasfondo de la guerra en Irak, muchos conflictos vio-

lentos tienen relación con estrategias de control sobre los recursos naturales, y en especial los energéticos. Una política de paz no puede, en ningún momento, olvidar esta dimensión ecológica y medioambiental, por lo que habrá de hacer hincapié en promover un consumo responsable y sostenible.

• El escenario internacional es más que elocuente para sembrar la incertidumbre. El terrorismo ha emergido como un actor internacional; miles de millones de personas viven el hambre cotidiana; se desconoce el papel de los organismos multilaterales por una progresiva erosión de los mismos; no somos capaces de lograr un consenso dentro del Consejo de Seguridad de Naciones Unidas para evitar un conflicto; el proteccionismo de unos pocos bloquea la liberación del comercio mundial; al amparo de regímenes dictatoriales se violan los derechos humanos de la población; la intolerancia crea conflictos al interior de nuestras propias sociedades, de nuestras propias culturas. Abordar todo lo anterior significa poner reglas a la globalización.

V. LA ECONOMÍA
Y LA POLÍTICA ECONÓMICA

A. Crecimiento económico

El crecimiento económico del país ha sido insuficiente en los últimos 20 años, lo que es preocupante, por las consecuencias económicas y sociales que conlleva. Una explicación de esta insuficiencia se encuentra en la debilidad de la inversión, que desde 1988 no logra rebasar 20% del PIB, cifra inferior al promedio alcanzado entre 1960 y 1980. La crisis de 1995 llevó este indicador a su nivel más bajo (14.6%), y la recuperación posterior no ha llegado al punto de mantener un crecimiento robusto y sostenido de la actividad productiva y el empleo.

En su Informe Anual 2003, el Banco de México señala: "La debilidad de la inversión conduce a la pérdida de competitividad de un país en un mundo globalizado; situación que se ha puesto en evidencia para México con la pérdida de mercado de sus exportaciones frente a los productos chinos y de otros países en el mercado de los Estados Unidos".[1]

Otra explicación, asociada a la anterior, es la pérdida de productividad global de la economía mexicana. Mientras que países como los Estados Unidos, Chile o China elevaron su productividad, México la redujo. La gráfica v.1 muestra que a mediados de los noventa la productividad mexicana había logrado tasas de crecimiento de 8%, como resultado de reformas importantes. Estas reformas estaban encaminadas a lograr la estabilidad y transformar la economía. Después ocurrió un franco deterioro.[2]

[1] Banco de México, Informe Anual 2003, p. 23.
[2] Véase el estudio de Pedro Aspe, "El futuro económico de México",

GRÁFICA V.1. *Crecimiento de la productividad*
manufacturera basado en las horas hombres trabajadas,
1986-2003 (incremento anual, promedio móvil anual)

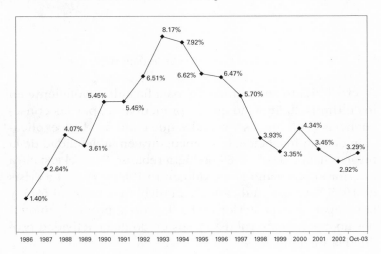

FUENTE: INEGI.

Esta situación de estancamiento tiene su origen en lo que un grupo de economistas[3] caracterizó como un desempeño económico mediocre, el cual no ha permitido generar los satisfactores para incrementar el nivel de vida. Entre las causas de este estancamiento destacan:

a) baja productividad de la inversión;
b) ineficiencia del sistema de intermediación financiera;
c) escaso aprovechamiento de la apertura comercial;
d) debilidad del mercado interno;

Este País, agosto de 2004. En él Aspe hace un análisis de las reformas iniciadas a mediados de la década de 1980 y consolidadas después, en los noventa, y que originaron el ascenso de la productividad.

[3] "¿Por qué no crecemos? Hacia un Consenso por el Crecimiento en México. Reflexiones de 54 economistas", Grupo Huatusco, México, abril de 2004.

e) insuficiente creación de empleos formales;
f) educación inadecuada;
g) desigualdad de oportunidades;
h) insuficiente innovación tecnológica;
i) un gobierno económicamente débil, propenso al financiamiento inflacionario y con una agenda ambigua e insuficiente;
j) incapacidad política para llegar a acuerdos democráticos y establecer políticas públicas eficaces, y
k) debilidad del Estado de derecho.

Ante esta problemática, el mismo grupo propone cinco elementos de consenso que constituyen una agenda mínima para el diseño de nuevas políticas públicas en materia económica. Éstos son:

1. El crecimiento es condición necesaria para el bienestar.
2. La agenda de los nuevos gobiernos debe incorporar elementos probados de la agenda clásica y eficaces políticas públicas de vanguardia.
3. Los procesos que impulsen el crecimiento deben evitar los excesos y buscar los equilibrios.
4. Un nuevo impulso al crecimiento debe partir de la revisión permanente de los errores, insuficiencias y áreas vulnerables de la política pública.
5. Lograr los acuerdos políticos y sociales para impulsar el crecimiento pasa por el cumplimiento de prerrequisitos de información, métodos eficaces de discusión y comunicación y arreglos institucionales.

La situación es crítica y urgente. Según la OCDE,[4] de la que México forma parte, nuestro país no tiene las condicio-

---

[4] Videoconferencia de Nicholas Vanston, desde París (Vanston es jefe de Estudios Económicos de la OCDE), 14 de mayo de 2004.

nes para crecer sostenidamente a tasas altas. También reconoce que el país necesitaría crecer de manera consistente a un ritmo de 6% anual durante un periodo de 40 a 50 años para alcanzar un nivel similar al de los Estados Unidos, la Unión Europea o Japón.

Esto significa que se necesitan crear esas condiciones para crecer. Una de ellas es consolidar las instituciones que funcionan, y otra, realizar un conjunto de políticas públicas concertadas con los sectores privado y social para elevar la productividad global de la economía. El desarrollo económico es resultado de un conjunto de políticas que permiten enlaces de relaciones económicas de producción, distribución, comercio y finanzas. Unas conducen a otras y así se crea un andamiaje que permite crear un círculo virtuoso. Es lo que necesitamos hacer. Es lo que hicieron los países hoy desarrollados y también los países emergentes de éxito, como Corea del Sur, India, Singapur, Hong Kong y Taiwán.

El caso de China es ilustrativo de lo que se tiene que hacer para tener un crecimiento sostenido. Esa nación se planteó igualar a los Estados Unidos en 30 años, y lo está logrando al obtener tasas de crecimiento económico de 8% anual. Lo importante es definir lo que se quiere y, a partir de ello, instrumentar las políticas para que los medios permitan realizar los fines. En el quehacer político de los mexicanos, los fines se confunden con la retórica y los medios tienen un desarrollo inercial. Éste es uno de los principales problemas del país.

La apuesta por un mayor crecimiento económico obedece, además, a lograr más competitividad y derramar ingresos para un mayor bienestar social, con un ambiente ecológico más sano. Sin esta consideración el crecimiento económico no puede darse, pues no se obtendría el apoyo y entusiasmo de la población.

B. LAS CONDICIONES PARA EL DESARROLLO ECONÓMICO Y SOCIAL

Un país funciona mejor si considera los niveles de precios, ahorro e inversión como sus indicadores fundamentales, haciendo que sean estables y los más convenientes para crear y potenciar un crecimiento económico cada vez más alto y mejor distribuido, que derivará naturalmente en la creación de empleos. Junto con ello, es necesario que el gobierno intervenga con prudencia, tanto en la regulación de la economía como en la simplificación administrativa, para que haya libertad de invertir, ahorrar y consumir. Esto, que a primera vista parece fácil, es muy difícil de lograr. No existen en ninguna parte del mundo mercados perfectos que asignen los recursos con racionalidad y eficiencia; sobran los ejemplos de mercados ineficientes, de ahí la necesidad de que intervenga la mano visible del Estado.

La estabilidad de precios y una prudente intervención por parte del gobierno permiten que la actividad microeconómica sea cada vez más competitiva, con el fin de absorber inversión nacional y extranjera. Así, se crean empleos y aumenta la productividad porque los insumos tecnológicos se complementan con mano de obra cada vez mejor preparada y se establecen vínculos con el mercado global, lo que a su vez permite obtener las ganancias que ofrece el comercio internacional. Es necesario fijar políticas explícitas de desarrollo productivo para cada sector de la economía, particularmente en los casos en que el país es competitivo.

Una microeconomía competitiva y la adopción de relaciones abiertas con el mercado global dan lugar a la disciplina financiera, atraen capitales del exterior y permiten tener recursos para resistir los embates de la economía globalizada.

1. *Una macroeconomía estable*

Aspirar al crecimiento económico y a una mejor distribución de sus beneficios requiere de una macroeconomía sólida y estable. Esto permite defendernos de las vulnerabilidades que crea la economía internacional y establecer las condiciones para que haya confianza.

En tanto nuestra economía y nuestra moneda se mantengan sólidas, el sistema financiero estará en condiciones de retener los ahorros nacionales para atender las demandas de crédito.

Una macroeconomía estable y sólida contribuye a que todas las variables económicas internas sean congruentes entre sí y compatibles con las economías de los países con los cuales mantenemos interdependencia.

La estabilidad es necesaria para que los agentes económicos disfruten del producto de su trabajo; ésta debe derivar, en primer lugar, de una inflación baja y controlable que no influya negativamente en las demás variables económicas, como el tipo de cambio y las tasas de interés, las cuales determinan las relaciones comerciales con el exterior, así como el ahorro y la inversión nacional y extranjera.

La inflación es el enemigo a vencer, porque en nuestro país ha sido un fenómeno recurrente: siempre estamos tentados a gastar más de lo que tenemos, y somos proclives al endeudamiento. Su efecto social es depredador: reduce el ingreso.

Pero así como se necesita una línea de conducta antiinflacionaria, se requiere también congruencia en toda la economía, de modo que se mantengan los equilibrios macroeconómicos básicos, o que los desequilibrios se den en niveles tolerables. Ésta es una condición imprescindible para afianzar el crecimiento y la equidad.

Si queremos ser más competitivos, nuestra macroeconomía debe ser estable y nuestra microeconomía eficiente.

Estamos de acuerdo en que es necesario reducir la diferencia de productividad que separa a México del mundo desarrollado. Para ello, debemos procurar elevadas tasas de ahorro, asignar adecuadamente las inversiones y utilizar en plenitud la capacidad instalada; todo a partir de una economía equilibrada. También es preciso vincularnos a los mercados más grandes y activos del mundo, a fin de beneficiarnos de las economías de escala y de la presión vigorizante de una sana competencia. Requerimos un sistema financiero que financie las actividades económicas, en particular a las pequeñas y medianas empresas que han tenido crédito insuficiente.

Hay millones de mexicanos que, dedicados con entusiasmo a las actividades de producción y distribución de bienes y servicios, permiten el mejor aprovechamiento de todas las oportunidades de trabajo y de inversión, utilizando con eficiencia el ahorro nacional y el crédito bancario.

Cuando se tiene una macroeconomía estable, como es el caso de nuestro país, lo importante es consolidarla.

Para México, los años ochenta marcan la diferencia entre la actividad económica expansiva, basada en financiamiento inflacionario y deuda pública externa, y las transformaciones estructurales orientadas hacia una etapa de modernización económica, si bien de altos costos para las pequeñas y medianas empresas. Pasamos de una estrategia volcada hacia adentro a una de apertura; de una etapa de pleno intervencionismo estatal a otra en que, sin renunciar a la promoción y regulación económica del Estado, se permite la expansión del mercado.

Los gobiernos surgidos de la Revolución mexicana fomentaron la actividad económica interna con medidas de protección y apoyo; así, se crearon y expandieron los bancos, las industrias, la agricultura de mercado y el comercio, y se incrementó el número de personas dedicadas a estas actividades. A ellas, el gobierno les fue dejando las actividaddes propias del sector privado, considerando que nadie más podría hacerlo mejor. Fue una etapa histórica de gran valía, incomprendida, pero real, de creación de empresarios, que se fue consolidando.

No obstante, la crisis de 1982 ensombreció esta labor histórica de expansión económica. La economía se petrolizó y la deuda externa se excedió innecesariamente. Ante ello, afloraron las debilidades de nuestra economía y perdimos la confianza en nosotros mismos, pues entendimos que el modelo de desarrollo económico y social vigente hasta entonces había dejado fracturas e inestabilidad social. Además, la globalización y las tendencias económicas, sociales y culturales del siglo XX sugerían hacer cambios de fondo.

Una buena macroeconomía se asocia a una inflación baja, desequilibrio fiscal prudente, déficit manejable en la cuenta corriente de la balanza de pagos, nivel de ahorro interno acorde con la inversión productiva que requiere el país y un tipo de cambio que equilibre los ingresos y egresos de la balanza de pagos.

2. *Una microeconomía competitiva*

La competitividad se logra con una estabilidad de precios porque así se promueve el ahorro y la inversión. Sin precios razonablemente estables respecto del de otros países no habría tasas de interés bajas.

Se trata ahora de diversificar las exportaciones y ampliar su radio de acción hacia sectores de mayor valor agregado y capacidad tecnológica, y con amplia difusión del progreso técnico. Se advierte, sin embargo, un grave problema: la diferencia en cuanto a productividad entre las grandes empresas que encabezan el proceso de modernización y el vasto y variado universo de las que van a la zaga.

La gran revolución que significaron los sistemas de procesamiento de datos y los sistemas de comunicación explica el auge tecnológico de los noventa y también el extraordinario incremento de la productividad laboral en los Estados Unidos, con efectos positivos en México. Esta revolución, que se conoce como "la nueva economía", repercute en el campo de la microeconomía; es decir, los cambios tecnológicos están provocando mutaciones radicales en los sistemas de administración de las empresas.

Aun cuando es complicado llevar a cabo medidas orientadas al mejoramiento de la productividad, éstas son indispensables para que los sectores de la economía puedan promover su propio desarrollo. Antes se hablaba de emprender una "política industrial"; ahora se considera que, al estar todos los sectores productivamente interconectados, las políticas de fomento deben ser para todas las actividades económicas.

Cada vez más se reconoce que la estabilidad de la macroeconomía y la opción por una economía abierta, competitiva y desregulada son condiciones fundamentales, aunque insuficientes, en el proyecto de expansión y transformación productiva. Para consolidarlo es necesario marcos regulatorios apropiados, así como fórmulas imaginativas para el desarrollo crediticio.

La expropiación de la banca, decretada en septiembre de 1982, y la consiguiente venta de sus instituciones han dejado grandes pérdidas de recursos públicos y el control mayoritario de los bancos en manos de instituciones financieras del exterior. Aun el sistema de pensiones, que se constituye con ahorro de los trabajadores, está manejado en gran medida por la banca mediante este nuevo control mayoritario. Esta situación es única en el mundo por las distorsiones que se han creado. Debemos pensar en fundar nuevas instituciones bancarias o implantar nuevos instrumentos crediticios que canalicen el ahorro de los mexicanos hacia los sectores más empobrecidos.

No es fácil aspirar a una microeconomía competitiva:

además de precios estables y de una cuidadosa desregulación para evitar el exceso de trámites, se necesita un sistema financiero que tenga interés en ella.

Al margen de estas consideraciones, hay una línea de
conducta, asociada a la lucha por la vida, que protagonizan
los empresarios. Nuestra historia indica que las oportunidades y la inseguridad han coexistido en una relación a
veces gratificante y a veces ingrata.

3. *La inversión en capital humano*

Es el factor clave para mejorar cualitativamente nuestra
capacidad de crear cultura, disfrutar la vida y capacitarse
para el trabajo. Ya en 1934, en *El perfil del hombre y la cultura en México,* el maestro Samuel Ramos,[5] que analizó la
estructura del carácter y la razón del mexicano, así lo recono-
cía: "Creo en la salvación de México, porque nuestra raza
no carece ni de inteligencia ni de voluntad; lo único que le
falta es aprender".

Ya en el capítulo II se abordó el tema, aquí sólo deseo
insistir en que la tarea educativa que une al gobierno con la
sociedad permite ciudadanizar a la población, desata aportaciones individuales y despierta la racionalidad y los sentimientos positivos del ser humano.

4. *Una vasta red de relaciones políticas*
y económicas con el mundo

La autarquía es otra forma de atraso y subdesarrollo. Los
países cerrados en sí mismos están condenados a vivir al
margen de la modernización económica, social y cultural.

---

[5] Samuel Ramos, *Perfil del hombre y la cultura en México,* México, UNAM,
1950.

En sus diversas expresiones, la apertura al mundo nos da acceso a lo mejor de la creación humana. A su vez, la globalización permite que los países cuenten con capitales, comercio y tecnología.

Este movimiento de apertura conlleva riesgos, pues los países son distintos entre sí. Pero así son las reglas del juego y no estamos en condiciones de excluirnos. En el futuro, los grandes movimientos de capital y la inestabilidad de los mercados financieros mundiales irán aumentando. En uno y otro casos, ambos aspectos son resultado del extraordinario crecimiento de la riqueza financiera tanto a nivel empresarial como individual. En este contexto, sólo aquellas economías con márgenes de estabilidad y sin endeudamiento excesivo interno y externo podrán resistir los grandes embates del capital especulativo.

La creación de una vasta red de relaciones políticas y económicas parte de algunos principios ineludibles: el desarrollo económico es producto de la organización social sobre una base de consensos; la producción de bienes y servicios es mejor si descansa en la mejor tecnología disponible en el mercado mundial; la capacitación de la mano de obra permite innovaciones en el proceso productivo, y un sistema de seguridad social es fundamental para realizar la función redistributiva.

C. Propuestas para el crecimiento económico, la elevación de la productividad global y un mejor desarrollo social

Aunque en las páginas precedentes se hacen diversas reflexiones propositivas, a continuación se insiste en ellas, con el fin de orientarlas hacia la acción estratégica de elevar el crecimiento económico, aumentar la productividad global y tener un mejor desarrollo social.

1. *Tener estabilidad y congruencia macroeconómica.* Actualmente, la macroeconomía estable no es controvertida, pero tampoco suficiente. La política fiscal debe ser un instrumento de racionalización de los recursos públicos, quitándole la rigidez que conduce a muchas ficciones. Por el lado del ingreso, una es la dependencia de las transferencias que hace Pemex; otra es que los consumidores pagan cada mes precios más altos por la electricidad, el gas y la gasolina, debido a que la política energética está asociada a la situación fiscal. Por la parte del gasto, se dedica una parte sustancial a seguir pagando los intereses por el costo del rescate de los bancos, ahora casi todos extranjeros. Y en la confrontación de ingresos y gastos, el déficit real es de seis veces el déficit fiscal que se presenta al público, ya que se agregan cuentas de tipo contingente. Para que una política tributaria sea eficiente, debe evitar distorsiones en las decisiones de trabajar, ahorrar e invertir. Para ello se requiere de un sistema que sea de fácil cumplimiento, fácil fiscalización y fácil administración. Puesto que el presupuesto es uno de los instrumentos para orientar la economía y redistribuir el ingreso en condiciones de estancamiento económico, como el que ahora se vive en el país, es necesario dar prioridad a los programas de creación y mantenimiento de la infraestructura física, gasto que el FMI ha aceptado que sea excluido del déficit en los casos de Brasil y Argentina, así como elevar el gasto en educación, salud, seguridad social y vivienda, que es donde se expresa la función redistributiva del ingreso, responsabilidad gubernamental. Estos gastos son los que justifican los impuestos. Tanto los ingresos como los gastos deben tener una amplia aceptación; de lo contrario, hay problemas de violencia, como lo advierte la historia del mundo y la de nuestro país.

También es indispensable avanzar en el proceso de descentralización de la vida nacional, fortaleciendo los estados y municipios con más funciones y recursos, para establecer un federalismo equitativo y sano. Descentralización política y económica, asociada a la democracia, son las dos caras de una misma moneda.

A fin de que fluyan los recursos para apoyar las actividades económicas, la política monetaria y crediticia debe resolver los siguientes problemas:

a) Una de las repercusiones de la extranjerización de la banca es que el ahorro privado depositado en ella se ha dedicado al consumo, desvirtuándose así el empleo de ese ahorro en la inversión productiva. Es decir, se desvirtúa totalmente la función de intermediación de la banca.

b) Abandono total de la política de canalización selectiva del crédito hacia las actividades y sectores que no tienen opciones en fuentes de financiamiento, como el mediano y pequeño industrial y el mediano y pequeño agricultor.

c) El diferencial entre los intereses que paga la banca al ahorrador y los que paga el usuario de crédito es demasiado alto, ya que ésta tiene como prioridad satisfacer las demandas de utilidades de los bancos matrices y recuperar los altos precios que pagó por adquirir los bancos mexicanos.

d) El uso excesivo de las tarjetas de crédito y de débito que se ha observado en los últimos tiempos está transformando las operaciones comerciales, al sustituir el billete de banco y el cheque a un costo sumamente elevado para el usuario. Esto aumenta los precios en el país y disminuye el posible volumen de ahorro del tarjetahabiente.

Es importante señalar que la banca extranjerizada orienta la mayor parte de sus recursos a las grandes empresas, de origen nacional o extranjero, y no a las actividades produc-

tivas menores propiedad de mexicanos. Si, como es deseable, se adopta un programa de industrialización, será necesario que se reestablezcan sistemas adecuados de control
selectivo del crédito bancario, pues, de no ser así, quedaría
cojo el programa de industrialización que se adopte.

En relación con el cada vez más creciente volumen de
ahorro nacional que va hacia las Afores, deben diseñarse
sistemas que permitan su canalización hacia el financiamiento de las empresas, no sólo de las que tienen acceso al
mercado de valores, sino también de muchas empresas
medianas y pequeñas que no cuentan con apoyo bancario;
todo ello sin menoscabo de los ahorradores.

2. *Desarrollar consensos para decidir e impulsar una política
en favor de un crecimiento económico alto y sostenido.* Ésta
es una condición necesaria e inexcusable.

A futuro, lo deseable es descansar en la promoción de
un crecimiento alto y sostenido del PIB, mínimo de 5% anual,
que es posible si la inversión sube de 20% del PIB —en promedio, de acuerdo con las cifras de las últimas dos décadas— a 25%. Esto significa cinco puntos más, que podrían
repartirse entre la inversión pública y la privada; la primera
aumentando el déficit público a un nivel manejable, y la segunda, con mayores recursos destinados a infraestructura,
manufactura de exportación, pequeña y mediana industria,
fomento de cadenas productivas, impulso de las actividades
económicas con ventajas competitivas.

El mayor crecimiento económico es la solución a la
emigración de nuestros compatriotas que buscan empleo
afuera del país.

Se ha corroborado que cuidar de efectuar la función
redistributiva que a través del gasto realiza el gobierno —aten-
diendo las necesidades de educación, salud, seguridad social, vivienda y medio ambiente— es la forma de compensar
las distorsiones que genera el crecimiento económico y el

mercado. Con ello se mantiene el objetivo político de lograr un gradual bienestar de la población. En el último diálogo del Forum de las Culturas, celebrado en Barcelona en septiembre de 2004, el Premio Nobel de Economía, Joseph Stiglitz señalaba: "Lo importante es cómo se redistribuye la riqueza para evitar las crecientes desigualdades".[6]

Así, resulta urgente hacer una planeación racional de las actividades del gobierno e inducir al sector privado para que emprenda las que se considere necesarias y que correspondan a su competencia.

Con la planeación se establece una serie de objetivos a fin de desarrollar el potencial económico y social del país en su conjunto. Los planes de desarrollo son a corto y largo plazos y expresan las demandas de la sociedad y los compromisos del gobierno.

Con frecuencia se asocia, erróneamente, al término *planear* con el stalinismo; pero, en el contexto político, en realidad significa una actividad gubernamental imprescindible de racionalidad; por eso nuestra Constitución Política la contempla como una tarea del Estado mexicano.

Como una herramienta del gobierno, la planeación ha corrido con un desprestigio progresivo a nivel mundial, sobre todo porque los países del bloque socialista solían emplearla autoritariamente. Cuando estos regímenes cayeron, las bondades de la planeación quedaron en entredicho, pues se descubrió que su utilización excesiva daba pie a muchas aberraciones. En mi opinión, cuando las supersticiones intelectuales o el severo control de un órgano central van más allá del sentido de la realidad, sacrificando las libertades individuales, se está ante una especie de utopía. Otro factor

---

[6] Tomado de *El País*, Madrid, 25 de septiembre de 2004. Ahí también señaló Stiglitz: "... hasta Williamson —el padre del Consenso de Washington y decálogo de corte liberal, que presentó en 1989— admite que lo más importante que olvidó fue la constatación de que el crecimiento *per se* no beneficia a todo el mundo".

que ha contribuido a socavar las virtudes de la planeación
ha sido el proceso de globalización, que irrumpió, en ocasiones de manera devastadora, en los fundamentos de la política y la economía, sobre todo en los países en desarrollo.

El sueño de una planificación central que controlara a la
sociedad desde las oficinas gubernamentales se vino a tierra.
Por ello, se demostró y confirmó que una planeación de carácter nacional, con grandes objetivos y metas, con posibilidades de llevarse a cabo y acompañada de una descentralización operativa, es una manera de organizar el desarrollo
económico y social. De esta manera, se respetan las libertades
individuales, la economía mixta y el sistema democrático.

Planear las grandes líneas de gobierno, con sus compromisos cuantitativos, me parece necesario e imprescindible.
Cuando no se planea, se da lugar a un discurso político
retórico, rebosante de ideas, muchas de ellas de gran noble-
za, pero imposibles de llevar a la práctica. Planeación es
sinónimo de racionalidad y congruencia.

3. *Elevar la competitividad de la economía mexicana.* A fin de
elevar la competitividad, se requiere de un conjunto de medidas que permitan que nuestra planta productiva adquiera
la suficiente capacidad para responder a la dinámica del
cambio tecnológico y organizativo imperante en la economía global. Esto significa que se tienen que crear las condiciones para superar el estancamiento en que vivimos. Por
tanto, son necesarias políticas que redunden en la elevación
de la productividad global de la economía, lo que conducirá
a mejorar el componente microeconómico. No se trata de
una decisión sino de un conjunto de decisiones. Las ventajas competitivas surgen de ellas: una política fiscal de calidad; la eficacia del sistema bancario, que en nuestro país no
supera los niveles de crédito a la actividad productiva de
1994; infraestructura física nueva y el mantenimiento de la
ya existente; desregulación de la actividad económica y

simplificación administrativa; oferta de energía a precios atractivos para estimular la inversión; transformaciones en el sistema educativo para desarrollar la investigación y el desarrollo tecnológico vinculado a la actividad productiva; fomento a la inversión dirigida a la reconversión tecnológica, laboral y ambiental de la planta productiva; normatividad abierta en materia de propiedad industrial que evite la conformación de monopolios; programas de adiestramiento laboral; Estado de derecho que evite la discrecionalidad en la aplicación de las leyes; elevación de la calidad de los servicios públicos, e incremento de la productividad empresarial, que también es baja, lo que sitúa el problema dentro de las empresas y no solamente en el entorno.

4. *Políticas de desarrollo productivo.* A nivel sectorial y regional cada vez es más evidente la necesidad de articular políticas específicas de fomento de desarrollo productivo en todas aquellas actividades económicas que sean base del desarrollo, que tengan potencialidad de ventajas competitivas, que atraigan a otros sectores. En este sentido, así como es necesario tener una política industrial, también resulta fundamental contar con una política en todos los sectores de la actividad económica.

Fomentar el desarrollo productivo significa vincularse a los mercados y sus potencialidades, la deliberada acción gubernamental de superar trabas y dificultades, y realizar acciones que permitan que la economía crezca.

La transformación productiva y el potencial del crecimiento están más asociados a las exportaciones y a un mayor hincapié en el desarrollo y la difusión tecnológica, como vías para mejorar el posicionamiento de empresas nacionales en el mercado internacional. Con ello, las posibilidades de generación de empleos productivos, de incrementos sostenidos en el salario real, al ir aumentando la productividad, se van ligando a la evolución de la competitividad internacional.

Las relaciones obrero-patronales son fundamentales para la productividad global de la economía. Su adecuación a los derechos humanos y a la competitividad constituye una política prudente. Los cambios deben estar dirigidos en tres sentidos: dar certidumbre jurídica al empresario en aras del aumento de la productividad; mantener los derechos fundamentales del trabajo y crear bases reglamentarias que establezcan las condiciones de la capacitación laboral como obligación del empresario.

Lo señalado es importante por lo que ahora advertimos en nuestros sectores productivos. Desde hace tres años la industria ha decrecido por falta de inversiones, crédito, mercados. La agricultura presenta rendimientos menores, expresión de su tendencia descendente.

Ante la globalización —fenómeno caracterizado por la alta productividad y la competencia aguda— la actividad manufacturera mexicana puede adaptarse a ella, pues tiene una capacidad organizativa más rápida que la producción agrícola y permite mayores ingresos *per cápita*. Pero tiene que desarrollar ventajas competitivas sustentables —no sólo temporales— que impliquen, entre otras condiciones, hacer de la innovación, de la industria intensiva en conocimiento y del mayor valor agregado la nueva fuente de competitividad en el marco de una política de competitividad sistémica.

5. *Energéticos, base del desarrollo económico y la modernización del país.* Los energéticos son un ejemplo incontrovertible de la necesaria planeación de las actividades económicas de México. Los descuidos, errores y dilaciones tienen un costo irreversible. Planear su desarrollo es imprescindible, considerando como objetivos garantizar una oferta suficiente y de calidad de energía.

También es necesario igualar los precios de la energía de México con los de nuestros socios comerciales dentro del TLCAN. Mientras nuestros precios excedan los de nuestros socios, el sector privado nacional no podrá ser competitivo en la producción de ningún bien que sea intensivo en energía. La distorsión de precios causa pérdida de empleos. El problema es grave, porque, si bien el marco legal establece que los precios con los que se comercializan los energéticos en México no deben estar por arriba de los que se manejan en otros mercados, la realidad es otra. Las tarifas eléctricas, los precios del combustóleo y del gas natural se han incrementado de 1999 a 2004 en 70, 106 y 300%, respectivamente, en términos de dólares.

6. *El desarrollo sustentable o la calidad del desarrollo económico y social*. La sustentabilidad del desarrollo es más necesaria y urgente en los países en desarrollo como México, debido a su escasa consideración del largo plazo. También porque la pobreza es un poderoso contaminante, y la educación precaria favorece prácticas nocivas a la limpieza de nuestro entorno.

A presente y a futuro tenemos que asumir responsabilidades sobre el agua, los alimentos, los energéticos y la población, cuestiones que son fundamentales para el desarrollo sustentable. Se avizoran en el mundo guerras por el agua, casi una historia de ciencia-ficción. Existe una grave sequía en 50 países, que albergan a la mitad de la población mundial. Dentro de 30 años, 70% de la superficie terrestre estará dañada por la urbanización, en lugares donde, además, vive la población pobre. En cuanto a la suficiencia alimentaria, todavía no se vislumbra una revolución verde, y el hambre mundial difícilmente se reducirá a la mitad, como lo plantea la ONU para el año 2015.

También tendrían que resolverse los problemas actuales entre los países del Norte y los del Sur en materia comercial. Para los países del Sur, las restricciones arancelarias a sus productos alimenticios de exportación son un estrangulamiento.

El contexto mundial plantea que país que no tenga resuelto el problema alimentario, de agua, energéticos y demográfico estará lejos de darle a su sociedad estabilidad y un nivel decoroso de vida.

7. *Seguridad ciudadana.* Sin ella la vida está amenazada, creando miedo y desconfianza. También la inversión nacional y extranjera se contraen, como ha sucedido evidentemente durante el actual gobierno. La seguridad es condición necesaria para rescatar valores de convivencia, ahora vulnerada por la pobreza, la desigualdad, el desempleo y la falta de una sólida política de seguridad que elimine la impunidad, origen de muchos problemas.

Se vive en el país una cotidianeidad de temor y miedo por la inseguridad[7] en la calle, en el trabajo, en la casa. También una vulnerabilidad institucional.

Casos especiales agobian ante la falta de solución a problemas tan graves como las mujeres asesinadas en Ciudad Juárez. Éste es un caso extremo de violación a los derechos humanos, una cultura de violencia que se ensaña con las mujeres. Por ello, la ONU planteó al actual gobierno mexicano una profunda reforma de la justicia y la enmienda de la

---

[7] México ocupa uno de los primeros lugares en homicidios y en asaltos con violencia. También alcanzó el quinto lugar en robo de vehículos, y las zonas más peligrosas dentro del país son el Distrito Federal y el Estado de México. La explicación es la siguiente. Desde los años ochenta el Distrito Federal ha perdido dinamismo como generador de producción y empleo, tendencia que no se ha revertido; su tasa de crecimiento económico es más baja que la nacional; hay una desindustrialización debido a la falta de incentivos a la inversión y a la polarización entre un sector moderno que crea pocos empleos y un enorme sector informal, ineficiente y de baja productividad que representa 50% de la población económicamente activa; la tasa de desempleo abierto se ha mantenido por encima de la nacional; la pobreza afecta a 65% de la población. Esto nos dice que para dinamizar la economía capitalina no bastan las políticas coyunturales de más gasto en el fomento a la construcción y a la obra pública, que sólo aportan 5% del PIB total federal; se requieren políticas estructurales de largo plazo, de cobertura completa.

Constitución, para que incorpore el concepto de los derechos humanos como su eje fundamental y reconozca los tratados internacionales sobre el tema, jerarquía superior a los marcos legales federales y locales.

Cada día se presenta en el país una consolidación de fuerzas de descontento que cuestiona la credibilidad gubernamental sobre seguridad. Los dirigentes del sector privado lo han hecho, juntos o separados; también los partidos políticos y las organizaciones sociales.

La sociedad se ha expresado de manera masiva en las calles para rechazar la violencia y la inseguridad. No podemos admitir que se convierta en una constante en la vida del país, porque significaría regresar al Estado natural, a la ley de la selva; sería admitir nuestra incapacidad para corregir sus causas y efectos. También, de alguna manera, pone en naufragio al Estado de derecho, a las instituciones y a la ciudadanía. Combatir la delincuencia, para ofrecer seguridad a la ciudadanía, es una de las obligaciones más importantes del Estado mexicano y una base determinante, sin duda, del crecimiento económico.

El problema de la seguridad ciudadana es políticamente subestimado. Han sido cancelados importantes programas e instituciones que los realizaban. Grave error, porque la inseguridad deteriora la cohesión social, alimenta el abstencionismo electoral, crea desconfianza en el país, hace que surjan eventos políticos y económicos imprevisibles.[8]

---

[8] El secretario de Seguridad Pública hasta agosto de 2004, Alejandro Gertz Manero, lo decía en julio de ese mismo año a la agencia española EFE con las siguientes palabras: "No es posible que un país con 105 millones de habitantes y con democracia electoral tenga problemas de seguridad tremendos porque no hemos avanzado en el sistema de seguridad". Asimismo, Jorge Carrillo Olea, destacado funcionario público, experto en cuestiones de seguridad, plantea reconstruir institucionalmente lo destruido y privilegiar la tarea preventiva. Véase "La crisis de la seguridad pública", *La Jornada*, 25 de junio de 2005.

VI. EL ARTE DE LO POSIBLE

A. Democracia y gobierno

El país está necesitando transformaciones políticas y económicas que le permitan avanzar. Las reformas tienen que ser de profundidad para resolver los muchos problemas estructurales. Ruth Richarson,[1] quien sabe de transformaciones, advierte: "Los problemas estructurales requieren reformas estructurales. Un gran problema estructural debe abordarse con una gran solución estructural. Si no se enfrentan realmente los problemas estructurales con soluciones estructurales habrá una crisis, y las reformas tendrán que emprenderse bajo el signo de la crisis". Tiene razón.

Desde 1997 el presidente de la República no cuenta con mayoría absoluta en las Cámaras del Congreso de la Unión. El resultado práctico es que no existe la decisión de apoyar una gestión efectiva del gobierno que permita el desarrollo del país, debido a problemas de concertación. Al prolongarse esta situación hasta 2006, como parece ser, tendremos una experiencia de nueve años de gobierno dividido.

El sistema político mexicano define que un poder no puede ignorar al otro. Es un sistema con división de poderes en el que el presidente no es el único determinante de las decisiones. El Congreso puede enmendar una iniciativa del presidente, pero éste puede vetarla. La división de poderes existe para evitar la dictadura. Ése es su principio funda-

---

[1] Ruth Richarson, "Con las propias manos", *Nexos*, mayo de 2002, p. 53. Ruth Richarson fue ministra de Finanzas de Nueva Zelanda y artífice del éxito económico de su país. Actualmente es directora del Banco Central de Nueva Zelanda.

cional desde que fue concebido por Montesquieu, quien se proponía dividir al Estado para que ninguno de los poderes reinara demasiado.

Con todo, el problema de un gobierno dividido hace que la gestión gubernamental se dificulte para llevar a buen término las iniciativas de ley. Pero ahí está el reto: la habilidad del presidente de administrar y resolver los conflictos. En uno de los capítulos famosos de *El príncipe*, Maquiavelo sostiene que un buen político debe conocer muy bien las mañas del león y del zorro. El león y el zorro son símbolos de la fuerza y de la astucia: "... debe ser un zorro para reconocer las trampas y un león para espantar a los lobos". Para un jefe de Estado, éstas deben ser sus características fundamentales para gobernar, sustentado en un proyecto de nación.

De fondo, las fuerzas políticas no acuerdan definir el curso del país. La explicación se encuentra en el hecho de que la estructura política de México es igual que la de toda América Latina: está basada en el sistema de representación de finales del siglo XIX, que entregó a los partidos la función de servir de intermediarios entre las aspiraciones de cambio de la población y los órganos de poder. El sistema de representación está en dificultades, porque los partidos, sumergidos en el torbellino mediático, ya no convocan; al contrario, tienen que competir en su función representativa con toda una constelación de organizaciones que representan una galaxia de intereses diversos; su capacidad de influir ha sido disputada por tecnocracias aparentemente neutras en términos políticos, y los movimientos de opinión alrededor de causas, como el feminismo o el ecologismo, han desbordado sus mensajes programáticos. También la ignorancia o la precaución excesiva hacen que las propuestas brillen por su ausencia. A esto se agrega la preocupante generalización de prácticas corruptas de proselitismo, como el clientelismo o la compra de votos. En México, los partidos se ven desbordados por la subpolítica y la antipolítica.

Una gran cantidad de organizaciones cívicas que defienden intereses específicos, sin aceptar ninguna responsabilidad política, ejercen la subpolítica. La antipolítica corresponde a los movimientos de opinión que, apoyados por la nueva capacidad de penetración de los medios de comunicación, consiguen abrir espacios a costa de los políticos o de los partidos. Esta última es, por supuesto, una sencilla, poco costosa y muy política forma de hacer política.

La población ya ha advertido que una parte de los impuestos que paga se utiliza para financiar a partidos que viven en una guerra interna por apoderarse de esos recursos y de las posiciones de representación. Ante estos excesos, se ha reconocido que es necesario una reforma electoral para modificar el sistema de financiamiento de los partidos y evitar que tengan excesivos recursos; que se reduzcan las prerrogativas que se les dan para convertirse en burocracias improductivas, y una reforma en los requisitos para registrar un partido político, que actualmente son mínimos. Asimismo se requiere establecer un control administrativo para la auditoría de los recursos, que se reduzcan los tiempos de las campañas electorales y se ordene el calendario electoral, pues algunos años se ven saturados por elecciones. Éstas son sólo algunas ideas que están en el aire para que los partidos políticos sean una fuente de propuestas, y que el país avance.

La solución, entonces, no está en acabar, sino en fortalecer a los partidos como interlocutores del diálogo democrático. Otro factor importante es elevar el nivel de cultura política de la población. El profesor Ralph Dahrendorf señalaba que es posible alcanzar la democracia electoral en seis meses y construir una economía de mercado en seis años, pero que la consolidación de una sociedad civil efectiva bien puede llevar 60 años.[2]

[2] Citado por Luis Rubio, "Democracia efectiva + gobierno ineficaz = democracia ineficaz", *Nexos*, mayo de 2002, p. 52.

México vive un momento muy difícil porque está fallando su democracia. Un Estado democrático es un Estado de leyes, uno que se somete a sí mismo al imperio de la ley y en el que ésta, a su vez, se somete al orden constitucional; uno en el que el respeto a la dignidad es un principio y una práctica generalizada. Aunque se ha avanzado en el sistema electoral, aún hay fallas en el funcionamiento de las instituciones y hemos vivido un largo periodo de estancamiento económico y político.

Ante ello, es necesaria la concertación de los partidos para privilegiar una política económica que permita tener un crecimiento económico alto y sostenido —con ello se lograría estabilidad social— y se establezcan puentes institucionales y de comunicación entre los tres poderes de la Unión.

B. MÁS POLÍTICA Y MÁS LIDERAZGO

Una manera de aproximarse a la solución de la problemática nacional consiste en fortalecer dos áreas fundamentales: la política y el liderazgo. En cuanto a la primera, es imperativo que los poderes de la Unión trabajen coordinados para realizar los cambios que demanda el país a efecto de alcanzar el bienestar que deseamos.

El entorno internacional previsible para esta primera década del siglo XXI parece poco favorable a la cooperación, y priva más la competencia, por lo que es preferible impulsar los factores internos del desarrollo económico, al tiempo que se sigue la dinámica propia de la economía internacional y se tiene acceso a capitales, comercio y tecnología.

A partir de estas decisiones que competen a la política económica, lo que sigue es buscar soluciones estratégicas. Para ello es esencial el liderazgo. Hay que estar, como lo señaló en su momento Winston Churchill, "por encima del

nivel de los acontecimientos, no por debajo". Esta definición ilustra lo que se espera de los líderes políticos.

Quien aspira al liderazgo debe trabajar para adquirirlo.
Un líder sabe qué se debe hacer y qué consecuencias se
derivan de su acción. También debe evitar las crisis que destruyen la riqueza y afectan a la sociedad; lograr consensos;
sumar; exponer ideas, pero con un propósito claro de lo que
se puede hacer; estimular propuestas dentro y fuera del
gobierno, a fin de encontrar soluciones a los problemas;
conocer a todos los líderes políticos, organizados o no, formales o no, y recoger sus opiniones, confrontarlas de ser
necesario y exponer argumentos; procurar que estos líderes
no se sientan excluidos y hacerles ver que sus opiniones
habrán de tomarse en cuenta.

Ante la gradual escasez de líderes, es pertinente recordar a uno de los más notables, el ex presidente francés
Charles de Gaulle, quien advertía que "la política no es pri-
mordialmente el arte de lo posible, sino el arte de hacer
posible lo deseable". En sus palabras se advierte el deseo de
hacer el trabajo político y de Estado, de remover obstáculos, de cumplir lo ofrecido.

Voluntad de poder, conciencia del riesgo, altura, inteligencia, instinto: tales son los ingredientes del liderazgo. Para
trazar el camino adecuado, el líder necesita inteligencia e
instinto, y para persuadir a la gente de que debe avanzar por
ese camino, necesita tener autoridad moral y propuestas de
calidad. Mencionaba Richelieu: "Se requiere bondad y firmeza de espíritu, solidez de juicio, verdadera fuente de prudencia, barniz razonable de las letras, conocimiento general
de la historia y de la constitución presente de todos los estados del mundo, y en particular del propio".[3]

Salvo excepciones, lo que atestiguamos ahora en Méxi-

[3] Robert Laffont, "Testamento político al Richelieu", en Louis André
(ed.), p. 289 (tomado de Jean-Baptiste Duroselle, *Todo imperio perecerá*,
México, FCE, 1998).

co —y en toda América Latina— es el alejamiento de los líderes respecto de la gente, y de ésta respecto de ellos. En ambos se está perdiendo la confianza y la emoción. La retórica devora a los líderes, y los problemas se agudizan porque no se resuelven a tiempo.

El proyecto de nación —incluidos los pormenores de su desarrollo político— está plasmado en la Constitución de 1917 y sus diversas adiciones. En los principios políticos más relevantes de ella están trazados los grandes lineamientos de lo que el pueblo mexicano aspira a ser.

Este proyecto de nación plantea que el pueblo mexicano debe construir una sociedad libre e independiente, con respeto a la dignidad del hombre y a los derechos humanos; establecer una democracia real en lo económico, social y cultural, y no meramente en lo electoral; procurar el progreso de la justicia social mediante el combate a la desigualdad y la pobreza; fomentar el desarrollo integral con una economía mixta, en la que se equilibren los mecanismos de mercado con la intervención del Estado mediante un sistema de planeación democrática; reafirmar la descentralización política, con una nueva distribución de poderes entre federación, estados y municipios; llevar a cabo la división de poderes, con el acotamiento de las facultades presidenciales y el fortalecimiento de los poderes Legislativo y Judicial, y mantener la separación entre Estado e Iglesia. Asimismo, nuestro proyecto de nación aspira a la consolidación de nuestra soberanía, sin soslayar la interdependencia cada vez mayor entre países; todo ello, como parte de un activismo político que promueva el desarme, la paz y la cooperación internacional. Lo que se requiere, en suma, es implantar y afianzar el Estado social de derecho.

¿Cuáles son las posibilidades de lograr este proyecto nacional? En principio, es indispensable promover y fortalecer el respeto a los derechos humanos. También hay que profundizar el avance de nuestra democracia mediante la consolidación de una cultura democrática y la participación de la sociedad en la creación y ejecución de políticas públicas.

Es importante revisar la distribución de poderes entre federación, estados y municipios, pero no hay que menoscabar la tarea de la primera, que tiene una gran responsabilidad en el progreso de la sociedad y en la conducción y el manejo de la política exterior. En esta misma línea de conducta, habría que consolidar la división de poderes mediante el fortalecimiento del Legislativo y el Judicial, pero sin debilitar al Ejecutivo. Como ahora los poderes se caracterizan por la debilidad, han surgido propuestas que van desde arreglos al régimen presidencial hasta vientos de reforma hacia un sistema semipresidencial de naturaleza parlamentaria, con un primer ministro o jefe de gabinete propuesto por el presidente, pero ratificado por el Congreso. Esta posibilidad es innecesaria, porque el régimen presidencial no está agotado, además de que no necesariamente es la mejor forma para llegar a tener acuerdos y gobernar. Lo que sí es necesario es la discusión y resolución de propuestas para transformar el país.

En cuanto a los partidos políticos, cabría esperar que maduraran. Su papel de intermediarios entre la sociedad y el gobierno —que no puede ser asumido por otras organizaciones sociales con enfoques particulares y sin la visión general requerida— debe consolidarse. Las organizaciones no gubernamentales pueden cumplir una función social útil para incrementar la participación de la ciudadanía en la definición y aplicación de políticas públicas.

La proliferación de partidos políticos puede conducir a la ingobernabilidad; es aconsejable que no pasen de cinco. Por otra parte, hay que practicar el arte de la negociación entre gobierno y partidos, y entre los propios partidos, para establecer acuerdos básicos sobre cuestiones importantes a fin de impulsar el progreso de México.

También es conveniente la reelección de legisladores

federales y estatales, siempre por tiempo limitado, para acercarlos más a sus votantes y profesionalizar así la carrera parlamentaria. Los legisladores deben ver más por sus electores que por sus partidos. Igualmente, es conveniente la reelección, por tiempo limitado, de autoridades municipales. Esta reforma es muy importante, ya que el periodo tan corto de tres años como diputados y presidentes municipales no hace posible generar ningún incentivo al trabajo, y éstos sólo sienten responsabilidad, en el mejor de los casos, por los asuntos de coyuntura.

Por lo demás, habrá que aceptar ciertas formas de democracia directa —como la iniciativa popular, el plebiscito y el referéndum—, siempre y cuando no distorsionen o debiliten la democracia representativa.

Profesionalizar la carrera parlamentaria es otro imperativo. Una manera de hacerlo es mediante el establecimiento del servicio profesional de carrera a nivel federal, estatal y municipal, que regule las etapas de reclutamiento, capacitación, ascenso y separación de servidores públicos a nivel medio y superior. Con ello se evitaría la remoción de estos servidores en cada cambio de gobierno y se incrementaría la eficiencia institucional. Para lograr lo anterior, se necesita un nivel adecuado de remuneraciones y prestaciones, junto con un buen sistema de jubilación.

También hay que alentar el desarrollo libre y democrático de los medios de comunicación, cuya función en los procesos sociales y políticos del país es fundamental. Asimismo, hay que combatir los monopolios y solicitar a los medios su apoyo en los actos de gobierno, sobre todo en materia de educación, lo que aun se podría instituir como obligación; habría que limitar la transmisión de programas que hagan apología de la violencia, o aquellos que ofendan los derechos de la sociedad. Lo ideal sería que el Estado mantuviera o desarrollara sus propios medios, tanto televisivos como radiales, y limitara la concentración de éstos en la empresa privada. Adicionalmente, hay que reforzar la legislación correspondiente y aplicarla cuando se atente contra el patrimonio moral de las personas.

En materia de política exterior, exigir que se cumplan los lineamientos establecidos en la Constitución, que siguen siendo necesarios para regular nuestra conducta como nación. Estamos obligados a integrarnos a los movimientos de globalización, pero sin renunciar a nuestra calidad de país soberano. Siempre independientes, nunca aislados. También hay que reconocer los efectos de la globalización en el país, ya que no todos nos han favorecido. Esto significa aprovechar las ventajas que ésta ofrece. Es necesario continuar con los esfuerzos para diversificar nuestras relaciones internacionales, con la idea de acercarnos cada vez más a los países latinoamericanos y, en el caso de Europa, a España y Portugal, particularmente. En este sentido, nos corresponde fomentar el multilateralismo, pues la gran mayoría de las naciones prefiere un mundo multipolar al unipolar que ahora prevalece. La razón de Estado consiste en tomar en cuenta la diversidad y en esgrimir el principio juarista de que el respeto al derecho ajeno es la paz.

De cara al siglo XXI, la posición de México con respecto a su entorno plantea serios interrogantes, como la progresiva interrelación con el resto del mundo, en especial con los Estados Unidos.

Si deseamos fortalecer nuestra posición como país independiente y soberano, con el mayor grado de autodeterminación posible, es indispensable fortalecer, en sus aspectos medulares, aquellos elementos que posibilitan nuestro desarrollo económico y social. Para empezar, lo reitero, México debe recuperar su capacidad de crecimiento y de generación de empleos y superar la desigualdad social y la creciente pobreza. De lo contrario, nuestro sistema político, económico y social estará en crisis, haciendo cada vez más difícil la gobernabilidad.

El ahorro interno es clave en el desarrollo del país. Nuestra dependencia del crédito externo llegó a niveles críticos en otros tiempos, con la consecuente carga en el servicio de la deuda y en la remisión de utilidades. Una mayor cantidad de ahorro interno nos permitiría volver a mexicanizar la economía, que ha sido objeto de una creciente extranjerización.

Es importante atender todos estos focos rojos. De no hacerlo, la viabilidad de México como un país libre y soberano estará en peligro. Asimismo, hay que evitar que nuestra nación sea absorbida por los Estados Unidos de América, en cualquiera de sus formas, veladas o abiertas. El problema ha empezado con la evidente desigualdad entre el norte y el sur del país: el primero, con sus niveles de desarrollo más vinculados al modelo estadunidense, mientras que el segundo es más asimilable al estilo de vida centroamericano.

¿Cómo afirmarnos? Fortaleciéndonos a nivel interno, con una economía dinámica y competitiva; con un sistema político estable y legítimo; con honradez política, entendida como capacidad política. También con la reafirmación de nuestra cultura y una educación de calidad.

Pero actualmente la clase política mexicana está perdida en temas irrelevantes. Entretiene, pero alimenta la mediocridad; hace perder visión de futuro. Nos hacemos pequeños y pesimistas. El pueblo se decepciona porque nuestros políticos no resuelven sus problemas, y lejos, muy lejos, está el planteamiento de ideas sensatas que promuevan la discusión de lo que tendríamos que hacer de cara a lo que sucede en el mundo y en el propio país.

En el pasado nuestro país demostró que puede desarrollar su economía y avanzar en la equidad social. Pero para ello tiene que diseñar y operar una política económica y social capaz, orientada hacia el cambio. El desarrollo económico y social no es producto de la inercia, sino una decisión política permanente que se negocia y resuelve; para que tenga el apoyo de la comunidad, tienen que explicarse sus objetivos e instrumentos, costos y beneficios, puesto que involucra a toda la sociedad y, por lo mismo, deberá verificarse su cumplimiento.

Las reformas permanentes al funcionamiento de la economía son las que permiten consolidar los avances y corregir las deficiencias, los errores. El concepto que subyace es una permanente modernización de las estructuras. Cuando ello se detiene, a la economía y a la sociedad le sucede lo mismo que a un edificio que envejece y se cae por falta de mantenimiento. Así ocurre con los países y las sociedades. El ejemplo más patético es África, que lleva siglos de atraso. A contrapunto, los ejemplos contrarios son China e India. El modelo manufacturero chino y el modelo de servicios de India amplían el juego de la competencia mundial y demuestran a los países en vías de desarrollo que sí se puede.

Cuando hay claridad política en lo que se hace, lo mismo que firmeza para realizar las modificaciones necesarias, se obtienen resultados positivos: mayor productividad, crecimiento económico y mejora de la sociedad en su conjunto. Hay una razón de Estado en todo ello: avanzar con proyectos y programas de largo alcance, sin descuidar los problemas de coyuntura que requieren de soluciones inmediatas. Todo ello cimentado en valores colectivos.

En octubre de 2004 se celebró en Barcelona, España, el Forum de las Culturas, con la participación de distinguidos economistas. Una de sus conclusiones fue la siguiente:

No existe una única política económica que pueda garantizar un crecimiento sostenido. Las naciones que han conseguido llevar a cabo esta importante tarea han hecho frente a distintos tipos de obstáculos y han adoptado diferentes políticas sobre regulación, exportaciones, promoción industrial, innovación tecnológica y adquisición de conocimiento. Los países deberían tener la libertad de diseñar políticas adaptadas a sus circunstancias específicas. Las organizaciones financieras internacionales, así como las agencias de ayuda al desarrollo, deberían alentar esta posibilidad. Pero esto no implica una aproximación del desarrollo donde todo vale. Esta libertad tampoco debería ser utilizada para disfrazar políticas que simplemente transfieran renta a los grupos políticos más poderosos. La prioridad es identificar las restricciones que más dificultan el crecimiento y superarlas mediante políticas microeconómicas y macroeconómicas adecuadas. Las intervenciones de carácter microeconómico deberían tratar de corregir las fallas específicas del mercado, y los incentivos económicos deberían reducirse a medida que la situación de los grupos beneficiarios mejora.[4]

De ahí que se haya insistido en más política y más liderazgo. El trabajo político con visión estratégica consiste básicamente en reducir la incertidumbre a niveles que sean manejables.[5] Esto es gobernabilidad.

---

[4] Estas conclusiones, denominadas "Agenda del Desarrollo de Barcelona", fueron suscritas por los economistas Alice Amdsen, Olivier Blanchard, Guillermo Calvo, Ramón Caminal, Daniel Cohen, Antón Costas, Guillermo de la Dehesa, Jeffrey Frankel, Jordi Galí, Ricardo Hausmann, Louka Katseli, Martin Khor, Paul Krugman, Deepak Nayyar, José Antonio Ocampo, Dani Rodrik, Jeffrey Sachs, Miguel Sebastián, Narcís Serra, Joseph Stiglitz, Ernesto Talvi, Joan Tugores, Andrés Velasco, Jaume Ventura, Xavier Vives y John Williamson, entre otros.

[5] El ilustre intelectual francés de los años cincuenta y sesenta, Raymond Aron, señalaba: "La dimensión propia de la acción política es la incertidumbre". Aron buscó siempre poner en evidencia los límites del entendimiento humano y de la acción humana. Descreía con la misma intensidad de soluciones mágicas como de salvadores carismáticos. Aron es ahora revalorado en la tesis de Karl Popper sobre la sociedad abierta y democrática, cuya esencia es la tolerancia de la pluralidad.

UNA REFLEXIÓN FINAL

A pesar de que hemos destruido parte de nuestro capital natural, México aún cuenta con recursos para su desarrollo económico y social; sin embargo, lo que queda deberá preservarse y utilizarse para potenciar el desarrollo económico y social del país en su conjunto. Por ello resulta imprescindible revalorar el proceso de planeación y racionalización de su uso, así como realizar políticas gubernamentales.

Continuar viviendo en una economía inercial ahondaría el subdesarrollo. Llevar a cabo un conjunto de políticas concertadas y viables es tarea de los próximos gobiernos. Política sin políticas públicas es demagogia, políticas públicas sin política es autoritarismo.

Ahí donde sea necesario habrá que restaurar el equilibrio entre las funciones del Estado y las del mercado; reducir el déficit fiscal, si bien cuidando que no se vaya demasiado lejos, pues se podría ocasionar un deterioro en educación, salud, seguridad social e infraestructura. La tarea es mejorar la calidad del Estado y de los mercados, buscando su complementariedad estratégica, de acuerdo con las ventajas relativas de cada cual. Para mejorar estas ventajas es necesario corregir sus fallas de concentración, discriminación y desinformación, y fortalecer la capacidad reguladora del Estado —en particular en los ámbitos laboral, financiero, ambiental, de transporte, energético y de telecomunicaciones—, ampliando el acceso al mercado de capitales y protegiendo los derechos del consumidor y de los accionistas. Las experiencias exitosas de los países desarrollados muestran una elevada complementariedad entre las tareas del mercado y las del sector público, pues, por una parte, privilegian a las primeras en la asignación de recursos, la provisión de información y la descentralización de decisiones económicas y, por otra, al Estado, en la orientación global del proceso de desarrollo, la definición de consensos nacionales y la ejecución de políticas que le son propias.

Hoy en día el mercado no tiene ventajas en lo relativo a educación, salud, vivienda, medio ambiente y tecnología, bienes de servicio que afectan el derecho a la vida y el acceso a la ciudadanía. El aporte del mercado puede y debe ser utilizado en cada uno de dichos ámbitos, si bien las prioridades globales en tales casos corresponderían a un sector público que responda a las preferencias definidas por la ciudadanía. La construcción de este sector público es una tarea cotidiana.

El actual Estado mexicano aún no es capaz de propiciar una modernización solidaria, tarea que debía ser su objetivo prioritario, pues ésta permite soluciones eficientes en el uso de los recursos, estables en el tiempo y socialmente incluyentes, esto es, privilegiando una visión de conjunto. Los sistemas privados de salud, por ejemplo, se encuentran bien manejados, pero son insuficientes si no se complementan con adecuadas regulaciones y un sistema público de salud eficiente y con buena cobertura; la previsión privada puede ser una palanca de modernización, pero no ha logrado incluir al conjunto de la población. La exportación creciente es una base del desarrollo nacional, pero debe ir acompañada de políticas de desarrollo productivo que refuercen los eslabones entre las exportaciones y el resto de la economía, fortaleciendo el tejido productivo y empresarial. Éstos son sólo algunos ámbitos en los que el Estado y el mercado deben complementarse.

Es muy discutible la opinión de quienes están a favor de un Estado mínimo y de la expansión del mercado en todos los dominios de la vida social. Esta política garantiza la exclusión de las mayorías y la acentuación de la diferencias sociales, generando un caldo de cultivo para la inestabilidad política y la debilidad de las instituciones democráticas. El problema fundamental no son las dimensiones sino la calidad del gobierno, que se centra en la definición de las tareas que la sociedad le asigna y aquellas que abandona y que pueden ser cubiertas por el sector privado, dentro de un marco regulatorio que asegure congruencia de la gestión privada con los objetivos de las políticas públicas, a fin de concentrarse en aquellas tareas decisivas e irrenunciables. En el fondo, de lo que se trata, políticamente hablando, es de conciliar libertad y justicia, dos valores que por necesidad deben ir juntos. Intervención prudente y firme del Estado, particularmente importante en un país en desarrollo como México, que requiere la mano visible de aquél, para ofrecer gobierno, estabilidad y avance social. La economía pura carece de sentido y relevancia si se le separa del ejercicio del poder. La economía es técnica, pero también es, esencialmente, política. Es economía política.

Es necesario un vuelco integral en la política de gasto social para revertir el deterioro que ha sufrido el bienestar de la población; esto es, más derechos sociales, pero también más responsabilidades. Lo contrario es populismo. En las próximas décadas, la definición de izquierda o derecha en el mundo se concentrará en la seguridad social, reducto del Estado de Bienestar en el que ahora los países líderes de Europa logran redefiniciones y avances. Nosotros no podemos quedarnos atrás.

Necesitamos un país abierto al mundo, a las ideas, a las propuestas, a las políticas, a todo para obtener bienestar económico, cohesión social y libertad política.

La inmovilidad es la política de la resignación, el desvanecimiento interno del liderazgo, el triunfo de lo imprevisible. No es lo que queremos. Lo que deseamos es más política interna y más política internacional.

Pero *movilidad* no quiere decir *populismo*, aberración política, económica y social que crea muchas ilusiones, por las promesas ofrecidas pero que, al no cumplirse, polariza a la sociedad y desequilibra la economía. El populismo explica la llamada *década perdida* en los años ochenta en toda América Latina, cuyas consecuencias todavía padecemos. La irresponsabilidad fiscal de la región, en la que sobresale de manera notable México, explica lo sucedido: crisis de la deuda por los excesos en el gasto público; inflación desbordante; desequilibrio externo y, con ello, devaluaciones depredadoras; controles de cambio; parálisis productiva; hipertrofia gubernamental; deterioro social. La historia es muy conocida, pero al parecer no es suficientemente recordada.

De lo que se trata es de superar el inmovilismo, pero no de regresar al populismo, que es peor. Ambos están actualmente descartados en el mundo desarrollado, donde impera la prudencia, o donde los márgenes de desequilibrio son manejables.

El aumento del subdesarrollo por los fracasos económicos, la inexperiencia gubernamental, la torpeza o falta de trabajo político para realizar los consensos en toda la sociedad, entre otros problemas a resolver, pueden enfrentarse mediante la consolidación de las instituciones que inciden en un crecimiento económico sostenible. Para ello se requiere imaginación en el diseño, concertación y mucho trabajo de gobierno. Sólo así podremos decir que la historia es la política del presente.

Una mirada hacia el futuro se terminó de imprimir y encuadernar en el mes de enero de 2006 en los talleres de Impresora y Encuadernadora Progreso, S. A. de C. V. (IEPSA), Calz. San Lorenzo, 244; 09830 México, D. F. En su tipografía, parada en el Departamento de Integración Digital del FCE, se emplearon tipos New Aster de 10:13, 9:13 y 8:10 puntos. La edición consta de 2 000 ejemplares.